Angela Lorenz-Leber

KLOSTER LÜNE

Aufnahmen von Jutta Brüdern

Karl Robert Langewiesche Nachfolger
Hans Köster Königstein im Taunus

Im Nordwesten der Anlage steht der "Klosterkrug", ein Fachwerkhaus von 1570 (unten) mit reichem Schnitzwerk (oben). An den Balken Spruchweisheit, u. a.: "Anno Dni. 1570 . Ohn gottes hulf vnd gunst Ist vnse thunt vmbsunst. Schaft ehr nicht Radt im hausz, Richt vnser fleis weinicht ausz"

Wer heute nach Lüne kommt, findet im nordöstlichen Stadtgebiet von Lüneburg, dicht neben Eisenbahn und Fernstraßen einen Ort ungewohnter Stille. Die Klosteranlage mit ihren unterschiedlichen Baulichkeiten und den darin erhaltenen Kunstwerken stellt sich - trotz vieler Verluste und Eingriffe - als ein Zeugnis mittelalterlicher, frommer Gesinnung dar, an dem sich der moderne Besucher eine Vorstellung von monastischem Leben bilden kann.

Verborgen bleiben die Wurzeln, die in einer bis heute unbekannten Einsiedelei liegen. Dorthin hatte sich ein Mönch Rethardus des Michaelisklosters in Lüneburg um 1140 mit Genehmigung seines Abtes Wulfram zurückgezogen. Da er die erhoffte Abgeschiedenheit nicht fand, ging er fort, und einem anderen Bruder oblag im Auftrag des Klosters der Erhalt der Eremitage, die er zu einer dem hl. Jakobus, dem Patron der Pilger, Wanderer und Kaufleute, geweihten Kapelle ausbaute. Möglicherweise deutet die Wahl dieses Patronats auf die Nähe eines Handelsweges - vielleicht von Lübeck über Artlenburg und Lüneburg nach Frankfurt - hin. Die Kapelle erhielt gleich zur ersten Weihe 1157 - es folgte eine zweite 1167, als die hölzerne durch eine steinerne ersetzt wurde - ein Partikelchen vom Märtyrergewand des

Das Kloster Lüne von Westen

hl. Bartholomäus. Als schließlich eine adelige Chorfrau Hildeswidis von Markboldestorp, die mit Gesinnungsschwestern 1171 von Abt Bertold die Erlaubnis erhielt, in Lüne eine Klostergemeinschaft zu gründen, wird dieser Heilige als Klosterpatron erwählt. Er zeigt sich schon auf der ältesten erhaltenen Urkunde Lünes von 1274 auf dem runden KONVENTSSIEGEL (S. 1). Aufrecht stehend, mit gelocktem Haar, Vollbart und Nimbus ausgezeichnet, hält er in der rechten Hand ein Buch, in der linken, statt des Messers, ein weitschwingendes Band mit seinem eingeschriebenen Namen. Die Umschrift des Siegels lautet "SIGILLUM ECCLESIE IN LUNE+".

Die nur in einer Abschrift vorhandene Gründungsurkunde - von Bischof Hugo von Verden am 9.1.1172 ausgestellt - besagt, daß Hildeswidis schon einmal vergeblich versucht hatte, auf eigenem Besitztum eine geistliche Gemeinschaft ins Leben zu setzen, und daß sie nun Grund und Boden um die Jakobikapelle herum und andere finanzielle Zuwendungen vom Michaeliskloster in Lüneburg erhielt, so daß mit ihrem eigenen Vermögen und dem ihrer adeligen Gefährtinnen die materielle Basis eines Frauenklosters gewährleistet war. Besondere Aufmerksamkeit verdient die ausdrückliche Zustimmung durch Herzog Heinrich den Löwen. Heinrich wollte vermutlich seine Stellung in der Kirche und beim Adel festigen und seine politische Einflußnahme gegenüber den slawischen Wenden durch die Errichtung christlicher Zentren am Rande seines Territoriums erweitern. So sind innerhalb eines Jahrhunderts - von 1150 bis 1250 - im Verdener Bischofssprengel, der

Links: Westfassade des Propsteigebäudes (vgl. Abb. S. 4 oben, siehe Text S. 33) und Nordseite der Klosterkirche mit Westgiebel (vgl. Abb. S. 4 unten, 14 oben links, siehe Text S. 6). - Rechts: das westlich der Propstei gegenüber liegende Mühlengebäude von 1571 (s. Text S. 20)

Oben: Südseite der Propstei, die unter Propst Schomaker (1493-1506) neu errichtet wurde (vgl. Abb. S. 3 unten, siehe Text S. 33).
Unten der mehrfach veränderte Pfortenbau (ca. 1500) an der Nordseite der Kirche, der Propstei-Südseite schräg gegenüber (vgl. S. 3 ul, s. S. 33)

z. T. einen starken Anteil an slawischer Bevölkerung aufwies, neben Lüne vier weitere Frauenklöster - Ebstorf, Wienhausen, Isenhagen und Medingen - entstanden.

Die Gründungsurkunde sagt nichts über das Bekenntnis zu einer bestimmten Ordensregel aus. Möglich ist, daß ein erster Zusammenschluß in Form eines Kanonissenstiftes bestand, worauf die geringe Anzahl von nur elf Stiftsfrauen hindeutet - so in einer Urkunde von 1231. Bei dieser Form des klösterlichen Lebens wird der Bruch zwischen der Stiftsdame und ihrer (meist adeligen) Familie vermieden; sie behält ihr eigenes Vermögen, das sie auch frei vererben kann; sie hat ihre Dienerschaft bei sich und wohnt in eigener Behausung. Sie legt für die Zeit ihrer Zugehörigkeit zum Stift das Versprechen des Gehorsams und der Ehelosigkeit ab. Die Gesamtleitung nach innen liegt bei der Äbtissin, die die gemeinsamen Gebetszeiten, liturgische Dienste und Arbeitszeiten bestimmt. Gemeinsam wählen die Stiftsdamen ihren Propst, der meist aus dem Michaeliskloster stammt, dem die Güterverwaltung und die Seelsorge obliegt.

Nach einem Brand 1240 wird das Kloster neu aufgebaut und allmählich vollzieht sich die Entwicklung vom Stift zum Kloster, die 1284 abgeschlossen ist. Der Konvent hat sich vergrößert, so daß Bischof Conrad die Anzahl der Insassinnen auf 60 beschränkt. Urkunden belegen einen bescheidenen Besitz an Land und Gütern, Häusern, Renten und Pfannenherrschaften in der Lüneburger Saline. Seit 1229 zählte der Lüner Propst zu den "Sülzprälaten", die den Sodmeister wählten und damit höchst einflußreich mit der aufstrebenden Stadt Lüneburg verbunden waren. Alles deutet darauf hin, daß reiche Stadtbürger und Adelige das Kloster förderten, wo ihre unverheirateten Töchter und Schwestern lebten oder unterrichtet wurden. Seit 1272 taucht für Lüne bisweilen der Zusatz "ordinis beati Benedicti" auf. Ab Mitte des 14. Jahrhunderts ist dann eindeutig die Annahme der Benediktinerregel belegt. Allerdings wird sie nicht in ihrer unerbittlichen Strenge gehandhabt worden sein, so daß sich die Nonnen manche Freiheiten und Sonderrechte bewahrten.

Das ungestörte, friedliche Klosterdasein erfuhr einen jähen Einbruch, als Propst Heinrich von Langlingen 1369 zum Bischof von Verden bestimmt wurde und der Papst den Kardinalbischof Egidius von Tusculum an seine Stelle setzte, welchen die Klosterfrauen nicht akzeptierten (s. a. S. 33f.). Daraufhin wurde der Konvent mit dem Bann belegt. Zu allem Unglück kam 1372 ein verheerender Klosterbrand, der sogar Menschenleben forderte.

1309 - 1376 regierten die Päpste im Exil von Avignon aus. Die päpstliche Kurie betrieb, u. a. wegen ihrer dortigen aufwendigen Hofhaltung, eine beim gesamten Kirchenvolk sowie etlichen Reform-Theologen (u. a. Wilhelm v. Occam, John Wycliffe) verhaßte harte Steuer- und Abgaben-Verwaltung sowie eine strenge, wenngleich variantenreiche Verwaltung der kirchlichen Gnadenmittel.

Zwei Stollentruhen von 1174 (rechts) in der Ulenflucht (vgl. S. 30) und von 1322 (links) auf dem Nonnenchor (links im Bild das Taustab-Motiv, das hier erstmals in Lüne vorkommt (vgl. S. 11, 35u, s. S. 27)

Erst Johannes Weigergang (1374 - 1412) als anerkannter, neuer Propst konnte gegen die hohe Summe von jährlich 900 Gulden den Verzicht des Kardinalbischofs auf die Propstei bewirken und bei der Kurie für die Folgezeit das Recht auf freie Propstwahl für die Lüner Nonnen erreichen. In die Zeit nach dem Brand fällt die Legende vom Klosteresel, die berichtet, daß die verarmten Nonnen einen Esel auf grünem Anger mit Mehlsäcken beladen fanden, so daß sie ihren Hunger stillen konnten. Abend für Abend habe das Tier sich mit seinem gefüllten Sack wieder eingefunden, so daß die Zeit der Not überstanden werden konnte. Erst als das hilfreiche Tier aus Dankbarkeit mit silbernen Hufen versehen werden sollte, kehrte es nicht mehr zurück. Die Stelle, wo es zuerst angetroffen worden war, bezeichnete den Ort des neuen Klosterbaus. Mit der Verlegung an das Ostufer der Ilmenau war das Kloster in die Nähe der Stadt gerückt, unter deren Schutz es sich stellte. Der Name Lüne - früher Hliuni (795), Luine (1140), Lune (1214) als Bezeichnung eines Landstrichs mit der Bedeutung: Zufluchtsort - hat sich hier erhalten.

Links: links im Bild die Durchfahrt durch das Kornhaus, in der Mitte der Durchgang unter dem Verbindungsbau zwischen Arbeitshaus und Waschhaus (s. S. 22, 30)
Unten: Blick aus der Durchfahrt durch das Kornhaus nach Osten: links das Siechenhaus, in der Mitte der Westflügel der Klausur mit dem Maßwerkfenster der Brunnenhalle und dem rechts angebauten Webhaus (s. S. 30)

Vergleiche mit Ziegelstempeln an den datierten Lüneburger Kirchen von St. Michaelis und St. Johannis lassen den Schluß zu, daß die BARBARA-KAPELLE (S. 7-9), ca. ab 1374 errichtet, der älteste erhaltene Bau des Klosters ist. Die Kapelle, die heute in den Winkel zwischen Chor der Klosterkirche und östlichem Kreuzgangflügel eingefügt erscheint und jetzt als Sakristei dient, ist als einjochiger Saalbau mit Chorschluß aus 5 Seiten des Achtecks errichtet. Wo im Innenraum schlanke Dienste der Wand vorgelagert sind, wurden am Außenbau kräftige, getreppte Strebepfeiler hochgemauert, um den Gewölbeschub aufzunehmen. Dazwischen finden sich Fenster, die auf vielgeästelte Maßwerkform verzichten: Sie wechseln zwischen einteiligen Lanzettfenstern und zwei- oder dreibahnigen Maßwerkfenstern, wobei das zentrale Chorfenster durch ein bekrönendes Kreismotiv hervorgehoben wird. Äußerlich wirkt der Bau mit den kaum die Mauerstärke verbergenden Einschnitten der mäßig hohen Fenster und den gestuften, blockhaften Pfeilern gediegen und erdverbunden. Im Inneren (S. 9) ist dieser Eindruck gemildert durch eine differenzierende Bausprache, die nicht Virtuosenhaftes meint: So wachsen aus den der Wand vorgelegten, gekanteten Sockeln birnstabförmige, schlanke Dienste ungehindert durch das schmale Kaffgesims auf, werden in der Kämpferzone von figurengeschmückten Kapitellkonsolen unterbrochen, um dann in unveränderter Stärke als Gewölberippen weit hochzuschwingen. Ein dagegen dreifach gebündelter Dienst - der nach der Konsole je drei Rippen entläßt - hebt in kräftigerer Bezeichnung den Übergang vom Chor zum Westjoch hervor. Das relativ niedrige Kaffgesims, auf dem die Fenster mit ihrer markanten Laibungsprofilierung auftreffen, verleiht dem Licht und der Höhe den größeren Anteil an der Raumwirkung. Leider verhindern hell geputzte Wand und unfarbiges Glas die ursprüngliche, durch gedämpfte Lichtfarbigkeit bestimmte Atmosphäre.

Es fällt auf, daß die unterschiedliche Ausformung der Basis oder Deckplatte der KONSOLFIGUREN (S. 8) keinen Bezug zu dem immer Gleichartigen des Birnstabs haben: Ist das ein Aufleuchten einer früheren Zeit? Möglicherweise sind diese Figuren aus Kalkmörtel Zeugen aus dem abgebrannten Vorgängerbau.

Die Kapelle wurde zwischen 1634 - 1796 als Begräbnisstätte der Äbtissinnen benutzt, was die großen Steinplatten im Fußboden belegen. Darauf ist das Thema des Altartriptychons von 1662 abgestimmt, das eine Grablegung Christi im Mittelteil und in den Flügeln Christus am Ölberg bzw. die Auferstehung zeigt. Auf die geschlossenen Flügelteile sind die Fußwaschung und die Auferweckung des Lazarus gemalt.

In die erste Bauphase der Barbara-Kapelle von ca. 1374 - 90 fällt auch die Errichtung eines Refektoriums (in Lüne Remter genannt) süd-westlich an die Kapelle anschließend als Arbeits- und Speiseraum mit Schlafraum im Obergeschoß. Das ist der jetzige, ÖSTLICHE KREUZGANGFLÜGEL (S. 10f.). Dieser ist breiter als die anderen drei Flügel des Klausurgevierts, hat größere Fenster und zeigt an der westlichen Außenseite, zum Friedhof bzw. Kreuzhof hin, Ansätze zu SCHILDBÖGEN (S. 10), die annehmen lassen, daß die erste Planung den Remter belassen und erst westlich an ihn anschließend einen Kreuzgang anbauen wollte. Dieses Vorhaben blieb unerfüllt und die Anlage hat sich zu der heutigen Form entwickelt.

Nachdem die Nonnen in dieser provisorischen Weise ihren durch Gebet und Arbeit geregelten Tageslauf vollziehen konnten, ging die Bautätigkeit nach einer Pause, bedingt durch die politischen und wirtschaftlichen Zustände in der Stadt Lüneburg nach dem Erbfolgekrieg, um 1400 weiter mit der KLOSTERKIRCHE (S. 3ul, 7, 10, 12-15, 27, Umschlag). Sie wurde vom Chor im Osten nach Westen fortschreitend errichtet und scheint sich an dem kleineren Vorgängerbau, der Barbara-Kapelle, zu orientieren: Auch hier ein einschiffiger Saalbau mit fünfseitig geschlossenem Chorpolygon. Das Niveau des Chores wird zur Heraushebung des Altarraumes erhöht, das Langhaus mehrjochig, wobei zu berücksichtigen ist, daß die Kirche zunächst noch um ein Joch kürzer war als heute. Die schlichten Rundpfeiler steigen, ohne Bezug zum Erdboden, aus Konsolen, die sich oberhalb des Gestühls befinden, als Wanddienste auf. Sie durchbohren das breite, geschrägte Kaffgesims, das sich mit den Fenstersohlbänken verbindet, und entlassen über den einfachen Kelchkapitellen dünne Wulstrippen in die Kreuzgewölbe. Die beiden Fenstertypen sind wieder aufgegriffen, doch werden sie pauschaler verwendet: Keine Heraushebung des Chorscheitels und keine betonten Laibungen. Nur hohe Zweibahnigkeit mit bekrönendem Rund und in den westlichen Jochen dreibahnige Fenster mit gestaffeltem Lanzettbogenschluß. Der Formenreichtum der Backsteine ist gering, schmückendes Beiwerk wird vermieden. Nur die Pfeiler unter dem vorderen, östlichen Teil des Nonnenchors sind reicher gegliedert, verändern aber nicht den kargen Grundcharakter des Raumes. 1648 sind, nach Ausweis der Signaturen unter der Domina C. M. von Estorff (1634 - 1659), die Gewölbekappen mit flach stukkierter Bandornamentik belegt worden, um die verhaltene Kühle zu mildern.

1497 erfolgte wegen des vergrößerten Konvents die Erweiterung des NONNENCHORS (S. 3ul, 13, 27). Dabei vollzieht ein profilierter Gurtbogen die Trennung zu den früheren Schiffsjochen, um dann in dem neuen Joch aus vier kleinen, wulstigen Konsolen je drei Rippen auszusenden, die gemeinsam mit einem Mittelkreuz ein vierstrahliges Sterngewölbe bezeichnen, das mit seinen kecken Zierscheiben soviel heiterer wirkt als die älteren Nachbargewölbe.

Was dort an Gedanken von Armut und Askese baulich gestaltet wurde, macht sich auch am äußeren Kirchenbau bemerkbar, der durch die Folge von gestuften Strebepfeilern und schlanken Maßwerkfenstern geprägt ist. Im Osten herrschen die schräggeführten, glatten Fensterlaibungen vor, der Kranz der CHORPFEILER (S. 14) ist kräftiger und raumgreifender ausgebildet. Nach Westen zu werden die Laibungen schon gestuft, die Pfeiler schmaler, aber generell

Die Barbara-Kapelle von Südosten, links anschließend der Ostflügel des Klausurgevierts, dahinter die Chorpartie der Klosterkirche (vgl. Abb. S. 9, 10, 14ol, siehe Text S. 6)

Zwei Konsolfiguren an den Wanddiensten in der Barbara-Kapelle (vgl. Abb. S. 9, s. Text S. 6)

liegt ein nuanciertes Hervorheben, Markieren fern: Beinahe unfreundlich wirkt dieses Backsteingefüge, klar und pragmatisch, so daß selbst der in ein turmartiges Gebilde verwandelte Strebepfeiler im Nordteil, der eine Wendeltreppe enthält, um so fortan Reparaturarbeiten im Dachstuhl zu erleichtern, nicht in kurioser Weise hervortritt.

Der LAIENEINGANG (S. 15 oben), das Trichterportal, ebenfalls an der Nordseite, triftet mit gedrängter Rundstabprofilierung in mehreren Bogenläufen das Mauerwerk in die Tiefe. Rundstäbe aus Formsteinen ragen hoch bis zum Kämpferband, das aus sparsam reliefiertem Kalkstuck gewonnen wird, um dann den hohen Spitzbogen zu bilden.

An der Tür befindet sich ein kleiner, stilisierter, bronzener LÖWENKOPF mit Ring (S. 15 unten), der fast wie eine Halbkugel aus dem größeren Rund eines flachen Ornamentstreifens hervorstößt. Da schriftliche oder bildliche Zusatzelemente fehlen, ist der Sinn des Türziehers schwer zu erfassen. Der Löwe tritt innerhalb der christlichen Tiersymbolik doppeldeutig auf - sowohl positiv für Christus als auch negativ für den Höllenrachen. Neben der Funktion als Türzieher ist die Dämonen-Abwehr zu nennen, vor allem aber auch, daß der Ring bei der Beurkundung von Rechtsgeschäften während des Schwurs mit der Linken umgriffen wurde; wenn Asylsuchende den Ring umgriffen, genossen sie die Immunität der Kirche. Auf Grund seiner Vergleichbarkeit mit anderen Türringhaltern aus der Gießhütte in Magdeburg dürfte er ebenfalls dort um 1190 entstanden sein. Nach dem Brand des alten Klosters wird er hier seinen neuen Ort gefunden haben.

Ein durchgängiges Motiv des Kirchenbaus ist der Verzicht auf jegliches Beiwerk, dessen Grund nicht in mangelnder Phantasie, sondern in einer religiös verankerten Armutshaltung zu suchen ist. Im Laufe der Jahrhunderte hat jedoch der Kirchenraum all das aufgenommen, was früher als sündhaft und verderblich angeprangert wurde.

Nach historischen Quellen wurden vor der Reformation an mindestens sieben Altären Messen zelebriert. Fast alle sind sie verschollen. Selbst die kostbare, auf Goldgrund gemalte, ehemals als Antependium dienende Altartafel von 1372 mit der Gnadenstuhldarstellung ist 1945 in Berlin, wo sie zur Restaurierung lag, untergegangen. Das jetzige HOCHALTAR-Triptychon (S. 17) gibt einen Abglanz von einstiger Vielfalt. Es ist im frühen 16. Jahrhundert entstanden und von Propst Lorbeer 1524 dem Kloster als Kreuzaltar vor dem Chorraum gestiftet. Das mächtige Schnitzwerk mit seiner kräftigen Bemalung und dem üppigen und zugleich fein gebildeten, vergoldeten Rankenwerk in Baldachin- und Sockelformen zeigt im Zentrum die Kreuzigung Christi, die rechts und links mit Szenen aus der Passion flankiert und von der Himmelfahrt bekrönt wird. In die beiden waagerechten Zonen der Seitenflügel sind Heilige mit ihren Attributen gestellt. Eine Fülle von überaus bewegten Figuren drängt sich unter einer Arkatur, die fast ausschließlich durch wucherndes, ornamental

Inneres der Barbara-Kapelle nach Osten (vgl. S. 7, s. S. 6), rechts im Bild das Lesepult von 1640 (s. S. 14)

sich zusammenschließendes Pflanzenwerk gebildet wird. In mehreren Ebenen dicht hintereinander gestaffelt zeichnet der Bildhauer in jeder Szene Menschen einer bestimmten Geisteshaltung in ihrer tatkräftigen Handlung und Haltung. - Die Predella mit ihren kleinen, zierlichen Figürchen von höfischer

Blick über den Kreuzhof auf den nördlichen und östlichen Klausurflügel sowie die Südseite der östlichen Joche der Klosterkirche. Über den Fenstern des Ostkreuzgangs sind Ansätze zu Schildbögen sichtbar (vgl. Abb. S. 11, s. Text S. 6)

Eleganz in Kleidung, Gestik und Haltung, die wie bei einer neapolitanischen Krippe in liebevoll gestaltete Landschaft und zeitgenössische Architektur hineingestellt werden, erzählt die Geburtsgeschichte Jesu. Dieser geschnitzte Teil gehört mit der Reihe gemalter weiblicher Heiligenfiguren zwischen den Wappen von Propst Lorbeer und Priorissa Wilde darüber nicht ursprünglich zum Triptychon und ist um 1500 entstanden. Neun weibliche Heilige sind in Halbfigur, bis auf die mittlere, frontal stehende Agnes, einander paarweise zugwandt: links die hll. Elisabeth und Euphemia, Barbara und Apollonia und rechts die hll. Ottilie und Katharina, Ursula und Dorothea. Eine spätere Zutat von ca. 1650 ist der monumental bekrönende Rankendekor als Aufsatz.

In einer Wandnische links im Chorraum steht die Sandsteinskulptur der ANNA-SELBDRITT (S. 18), die mit der Skulptur des hl. BARTHOLOMÄUS (S. 18), jetzt im Kreuzgang, zusammengesehen werden muß. Nach einer Beschreibung von 1764 befanden sich die beiden Skulpturen in der Klosterkirche: Und zwar - "S. Bartholomäi Bild mit Lorber- und Wildeschem Wappen, fein in Stein gehauen neben dem Hochaltar und ihm gegenüber von eben dem Meister eine Anna mit Marien". Wahrscheinlich handelt es sich um ca. 1517 entstandene Werke des Lüneburger Christophorus-Meisters, der offenbar hier im nördlichen Deutschland die Formensprache eines Veit Stoß einführt, ohne in epigonenhafte Nachfolge zu geraten. Die Gruppe der Anna-Selbdritt ist fast unbeschädigt, die fehlenden Metallapplikationen - eine Marienkrone und ein Strahl über dem Christuskopf - werden nur vermißt, wenn man die Einsatzlöcher entdeckt hat. Möglicherweise ist sie nach einem Stich von 1510/11 von Lucas Cranach d. Ä. bestellt, der das gut vergleichbare Motiv des Hinüberreichens des Christusknaben zeigt. Allerdings ist bei Cranach die junge Mutter intensiver bewegt und an der Handlung teilnehmend, während sie hier nahezu unbeteiligt bleibt. Dafür erscheint Anna tatkräftiger - vielleicht ein Anzeichen für den aufblühenden Annenkult um 1515? - sie schreitet entschiedener aus, nimmt mit festem Vorgreifen das zu ihr strebende Kind, für das von unten her schon viel Halt durch bauschende Gewandfaltung gegeben ist. Vorwand zum Erfinden von Dreiecks- und Beutelmotiven in der Gewandbildung wird allenthalben genutzt, um die Glattheit der Haut auszuspielen. Leider kann dieser Gegensatz infolge des Verlusts des Bartholomäuskopfes an dieser Skulptur nicht mehr nachvollzogen werden, doch legt die Bearbeitung des schweren Mantels, den die linke Hand zusammenrafft, einen Vergleich nahe. Wie bei Anna schiebt sich das rechte Bein nach vorn und erzeugt so ein reiches Relief aus Vertiefungen und Aushöhlungen zwischen Unter- und Obergewand. Leider ist der zu ihm gehörende Konsolstein mit den beiden Stifterwappen verschollen und nur noch fotografisch nachweisbar.

Links vor dem Altar steht ein hoher, bronzener TAUFKESSEL, die sog. Döpe (S. 19 ur), die das Wappen des Propstes Schomaker (1494 - 1506) - Hundekopf mit klaffender Wunde am Hals - trägt und mit zwei umlaufenden Schriftbändern auf ihn als Stifter und das Entstehungsjahr 1505 hinweist. Die Inschrift lautet: "den ersamen her claes schomeker doctor unde pras to lunnen dete gieten dit vat in jaer uns heren MCCCCCV". Sie läßt mit der niederländischen Version von Nikolaus Schomaker ("claes schomeker") vermuten, daß hier ein Bronzegießer aus den Niederlanden, der sich in Lüneburg niedergelassen hatte, tätig war. Die vier aufrechten Figuren dagegen, die das Becken auf den Schultern tragen, stammen wohl aus der Werkstatt des Erzgießers Cord van der Heyde. Sie sind wahrscheinlich als Personifizierung der vier Paradiesströme gedacht. Unter der Taufe war sicherlich ein Kohlebecken arretiert, bestimmt, mit der Glut darin das Taufwasser zu erwärmen. Als man die Taufe nicht mehr durch Untertauchen, sondern durch Begießung oder Besprengung vollzog, brauchte man die Wärmequelle nicht mehr und konnte das oktogonale Holzpodest (ca. 1650) darunter setzen, ohne eine Brandgefahr befürchten zu müssen.

Der östliche Kreuzgang, nach Norden gesehen. Die Jahreszahl 1520 am Schlußstein im Vordergrund oben bezieht sich auf die Einwölbung dieses Bauteils, der seit seiner Errichtung 1374-90 bis dahin flachgedeckt war. In der Aufnahme gut erkennbar die Gewölbe-Taustab-Rippen (vgl. Abb. S. 10, 35ul, siehe Text S. 6, 27)

Zum ältesten Inventar, das noch in die Entstehungszeit der Klosterkirche hineinreicht, gehört der PROPSTSTUHL (S. 20u) an der südlichen Chorwand. Ein schlichter Klerikersitz von außerordentlicher Qualität, im 19. Jahrhundert neu zusammengefügt. In der Abbildung hier sieht man ihn geschmückt mit dem BANKLAKEN, das etwa 100 Jahre später, 1508, von den Nonnen extra dafür gefertigt wurde (s. a. Text S. 38). Es ist die letzte der farbigen Wollstickereien, mit den Themen der Geburt Christi, der Auferstehung und des Weltenrichters in runden Medaillons mit Umschrift. Diese drei Kreisformen werden von Evangelistensymbolen und Heiligen umgeben, bevor ein Hauptschriftband sie in Rechteckform umschließt und zur Rahmung mit musizierenden Engeln in verschlungenen Vierpässen überleitet. Der Text lautet in der Übersetzung: "Im Jahre des Herrn 1508 ist dieser Teppich für den Herrn Propst durch die Hand der Schwestern in Lüne gestickt worden zum Lobe Gottes und der ruhmreichen Jungfrau Maria und des heiligen Bartholomäus,unseres Patrons. In der Amtszeit des Herrn Propstes Johannes Lorbeer."

Aus den massiven Wangen des Stuhls sind je zwei hohe Figuren in Lebensgröße reliefartig herausgearbeitet. Neben der Muttergottes kommen drei weitere Klosterpatrone, Jacobus major, Bartholomäus und Benedictus, zur Darstellung. Unter letzterem befindet sich das Wappen des Propstes Johannes Weigergang (+ 1412), so daß man oft ihn als den Dargestellten vermutete. Im Verein mit den Heiligen würde er aber in mittelalterlicher Kunst keinen Platz an solch exponierter Stelle finden. Auch bezeichnet der Abtstab kaum den Stand Weigergangs, der Propst, Magister und Cantor war. Propst Weigergang ist wohl der Stifter, während die Darstellung des Abtes den Ordensstifter Benedictus meint. Alle Figuren zeichnen sich durch eine zurückhaltende Formensprache aus. Trotz der geringen Tiefe des Reliefs sind Gewänder und Körperformen durch glatte, kunstvolle Modellierung von plastischer Prägnanz bestimmt. Einzig die Madonna mit dem Kind ist farbig gefaßt. Bekrönt werden die Seitenteile durch gotische Scheinarchitektur mit Spitzbogen, aufsitzenden Krabben, Maßwerkfenstern und Kreuzblume. Der

Inneres der Klosterkirche, Blick vom Nonnenchor nach Osten (vgl. Abb. S. 13, 14l, 27, s. Text S. 6)

Inneres der Klosterkirche nach Westen mit der Empore des Nonnenchores (vgl. Abb. S. 12, 27, s. Text S. 6)

Der Chor der Klosterkirche, mit dem um 1400 der Bau der Kirche von Osten nach Westen fortschreitend begann (vgl. Abb. S. 12, s. Text S. 6)

Die Nordseite der Klosterkirche von Westnordwest, in der Bildmitte der zum Treppenturm ausgebaute Strebepfeiler (vgl. Abb. S. 3ul, s. Text S. 6, 8)

obere baldachinartige Abschluß der Vorderseite wird aus einer Folge quadratischer Felder gebildet, die mit phantasievollen Maßwerkkonstruktionen gefüllt sind.

Von Propst Schomaker hatte das Kloster schon 1496 eine ORGEL erhalten. Die heutige (S. 19) steht auf einer von zwei Stützen getragenen Empore an der Südwand des Chores. Sie trägt die Jahreszahl 1645 und bezeichnet als Frühbarockwerk den Anfang der einsetzenden Blütezeit der norddeutschen Orgelbaukunst. Die äußere Umkleidung, das Gehäuse, ist in mehreren Stufen von unten nach oben durch Verzierung, Bemalung, Rankenwerk, plastische Figuren und Zieraufsätze gegliedert. Der Prospekt, die vordere Fassade, wird durch schöne Prinzipalpfeifen, die mit Delphindarstellungen bemalt sind, geschmückt und ist klar zwischen dem zurückgesetzten Hauptwerk oben und dem weit vorspringenden Rückpositiv unten getrennt. Bibelsprüche und Kirchenliedanfänge offenbaren mit biblischen Szenen ein breit angelegtes Bildprogramm, das sich gegenüber den mittelalterlichen Werken als protestantisch ausweist.

Von gleichem Geist erfüllt ist das LESEPULT von 1640 (jetzt in der Barbara-Kapelle) und auch schon die ältere KANZEL von 1608 (S. 19 unten links). Die protestantische Konzentration auf die Predigt findet hier sinnfälligen Ausdruck. Das Wort Gottes zu verkünden, wie es in der Bibel steht, zeigen die Evangelisten an, die den Aufgang zur Kanzel bildhaft lehrreich besetzen. Am Kanzelkorb wechseln gemalte Szenen von Christi Geburt, Taufe, Kreuzigung, Auferstehung und Himmelfahrt mit plastischen, bemalten Karyatidenfiguren ab. Alle diese Motive gab es auch schon in vorlutherischer Zeit, aber sie bekamen jetzt eine veränderte Form oder eine geänderte Bedeutung. Außerdem fehlt die Darstellung der Gottesmutter und der Heiligen, und es fehlen die lateinischen Spruchbänder.

Zum Vergleich mögen die beiden fast identisch scheinenden PASSIONSALTÄRCHEN (S. 20f.) dienen, die im Mittelteil die Halbfigur Christi als Ecce homo-Darstellung zeigen. Das ältere - unter der Orgel im Chor - ist um 1480/90 in der Nachfolge des Meisters des Lüneburger Weltgerichts entstanden, der seinerseits in der Tradition des Bernd Notke steht. Das jüngere - an der Südwand des Nonnenchors - wird auf um 1500 datiert und Hinrik Levenstede d. J. zugeschrieben, der in diesem Zeitraum hier in Lüne auch mit der Wandbemalung des Refektoriums beschäftigt war. Die genaue Betrachtung der Flügelaltärchen läßt Schlüsse über den Wandel der religiösen Gesinnung während dieser zwanzig Jahre zu. So zeigt das ältere den dornengekrönten Christus mit überkreuzten, bildtypgemäß gefesselten Händen vor nachtblauem Hintergrund. Da nach Joh. 19, 4/5 Christus bei Tageslicht in der Stunde nach der Verspottung und Geißelung von Pilatus dem Volk gezeigt wurde, kann nicht die Bibel, sondern vielmehr die Ausgabe einer Evangelien-Harmonie als Textquelle gedient haben. Evangelien-Harmonien (s. a. Text S. 23) stellen den Versuch dar, das Leben Jesu unter Berücksichtigung der vier Evangelienberichte als eine einheitliche fortlaufende Geschichte zu erzählen und verlegen im Regelfall das hier dargestellte Geschehen in die Nachtzeit.

Dieser zu jener Zeit sich rasch (besonders als Exportartikel der Niederlande) verbreitende Bildtyp geht auf ein verlorengegangenes Bild des Dirk Bouts zurück. In den Niederlanden lag auch die Quelle der Windesheimer Reformbewegung, die Devotio moderna, die beide mit der "Imitatio Christi" die volle lebensmäßige, meditative wie tätige Nachfolge Christi forderten. Für Kloster Lüne sind diese Bestrebungen unter Propst Graurock (+1493) bedeutsam geworden (s. a. Text S. 26). Er ist auch der Stifter des älteren der beiden Triptychen: sein Wappen befindet sich auf der linken Flügelaußenseite links unter Petrus, dem auf der rechten Außenseite Paulus gegenübersteht. Auf den Innenflügeln werden Maria als Himmelskönigin und der Evangelist Johannes gezeigt, Personen, die als Trauernde unter dem Kreuz dem zeitgenössischen Betrachter vertraut waren. Maria reicht dem Kind eine Birne, die einerseits als dem Apfel des Sündenfalls gleichbedeutend, andererseits auch als Symbol sowohl für Fruchtbarkeit wie für Jungfräulichkeit galt. Mit solchen Akzentuierungen war der Andächtige angeleitet, sich einfühlend und mitleidend in die Nachfolge Christi zu stellen.

Das jüngere Flügelaltärchen folgt der Malerei der Mitteltafel getreu, nur die Augen Christi werden ein wenig weiter geöffnet, so daß ein direkterer Bezug zum Betrachter hergestellt wird. Der blaue Hintergrund ist nun durch goldene Sternpunkte eindeutig als Nachthimmel bestimmt. Aus dem linken Auge Jesu fließen - anders als bei dem alten Altärchen - zwei Tränen. Da Lukas 19, 40-44 die einzige Evangelienstelle ist, die von Jesu Tränen spricht (er vergießt sie über die Sünden Jerusalems), wollte der Auftraggeber, wohl Propst Schomaker, offenbar mit dieser Anspielung den frommen Beter zu der Erkenntnis seiner eigenen Sündhaftigkeit führen.

Auf den Seitenflügeln stehen diesmal Maria und Johannes der Täufer. Diese beiden waren als Fürbitter in Deësis-Darstellungen jedem vertraut, und auf die Fürsprache dieser beiden hat ein mittelalterlicher Mensch seine Hoffnungen gesetzt, wenn es um die Rettung vor Ewiger Verdammnis ging. Da Maria dem Kind eine Weintraube reicht, die der Gläubige als Hinweis auf das erlösende Sakrament des Blutes Christi deuten mußte, wird offenbar, daß hier nicht mehr so sehr auf das Mit-Leiden der Passion, sondern vielmehr auf das zu erflehende Erbarmen und die dem reuigen Sünder zugedachte Gnade angespielt wird - ein Thema, das im Denken Luthers schon bald einen zentralen Rang einnehmen sollte.

Beide Triptychen verblüffen durch die unterschiedliche Malweise von Mitte und Außenteilen. Die Mitteltafel mit der jeweils matten Temperamalerei auf feinem Gewebe, das vor der Grundierung und Bemalung auf den Holzgrund aufgezogen worden war, kontrastiert vehement mit den starkfarbigen Malereien auf den Eichenholzflügeln, so daß man zu-

Oben: Das Nordportal der Kirche, der Laieneingang. - Unten: Der bronzene Löwenkopf aus dem 12. Jahrhundert am Nordportal (s. Text S. 8)

nächst nur schwer ihre Zusammengehörigkeit anerkennen mag. Die Figuren des älteren sind in ihrem Ausdruck wesentlich herber und strenger als bei den jüngeren. Da herrscht ein weicherer Ton vor. Die Maria des linken Flügels wird lieblicher, jünger und geschmückter dargestellt, das Kind verspielter und zupackender, und die Heiligen Petrus und Paulus von den Außenseiten des älteren Altärchens werden durch Sterne auf rotleuchtendem Grund ersetzt.

Ein hölzernes TABERNAKEL (S. 21 unten), das auf dem Nonnenchor hängt, mit seinem spitzen, schlicht reliefierten Giebel auf schmalem, reliefiertem Sockel, stammt - wie der Propststuhl - noch aus den ersten Jahren des 15. Jahrhunderts. In diesem Tabernakel wurde, wie die Form erkennen läßt, eine Turm-Monstranz verwahrt. Seit dem frühen 14. Jh. wurde in Monstranzen das Allerheiligste, die konsekrierte Hostie, zu bestimmten Zeiten zur Verehrung sichtbar ausgesetzt, sei es im geöffneten Tabernakel, sei es, daß die Monstranz bei Prozessionen mitgeführt wurde. Das Allerheiligste konnte aber auch jederzeit in dem geschlossenen Tabernakel von den Gläubigen bei privater Andacht verehrt werden, ähnlich wie bei den später im 15. Jh. aufkommenden turmartigen, durchbrochenen Sakramentshäuschen - die dann allerdings auch eine heilbringende Sichtverbindung zum Allerheiligsten erlaubten. Auf den schmalen Innenflügeln des Tabernakels kommen ein Papst und ein Dominikanermönch zur Darstellung. Es sind hohe, überlängte Figuren, in einfache, weit herabfallende Gewänder gehüllt, aus deren Händen Spruchbänder "aufwachsen", die bis in die Flügelspitzen hochschwingen, so daß ihre Schmalheit noch stärker zur Wirkung kommt. Ihre Gesichter, von Heiligenscheinen überstrahlt, bestechen durch eine köstliche, weich vertriebene Malerei, die von hoher Qualität zeugt. Links ist wahrscheinlich Papst Urban IV. dargestellt, der in der Bulle "Transiturus" 1264 die Verehrung der Hostie im Fronleichnamsfest eingesetzt hat. Durch Papst Clemens V. wurde das Fronleichnamsfest auf dem Konzil zu Vienne 1311 zu allgemeiner Bedeutung erhoben, woraufhin es sich dann kirchenweit durchsetzte. Rechts steht Thomas von Aquin, dessen überlieferte Leibesfülle eindeutig durch die kleine Wölbung des Bauches angezeigt wird. Sein Schriftband gibt den Anfang der 5. Strophe des Hymnus "Pange lingua gloriosi corporis mysterium" wieder, der ihm zugeschrieben wird: "Tantum ergo sacramentum venemur cernui" (darum laßt uns tief verehren ein so großes Sakrament). Dieser Sakramentshymnus wird seit Beginn des 15. Jahrhunderts eingesetzt, wenn der Priester im Hochheben der Hostie (Elevatio) die Gläubigen segnet. Um 1400 war, vor allem durch John Wycliffe und Jan Hus, die Diskussion um das Verständnis des Abendmahls und damit auch der Amtskirche neu entbrannt. Auf den Außenseiten der Tabernakelflügel sind zwei stark beschädigte Heiligendarstellungen zu erkennen.

Kunstwerke von hohem Rang und äußerster Seltenheit stellen die zwei beidseitig bemalten PROZESSIONSFAHNEN (S. 24f.) aus dem frühen 15. Jahrhundert dar. Trotz erheblicher Beschädigung ist von den Szenen der Verkündigung und Anbetung, der Höllenfahrt und der Auferstehung noch soviel erhalten, daß man Fehlendes sich ergänzend hinzudenken kann. In Lüne wird man immer um die Kostbarkeit dieser Fahnen gewußt haben, sonst wären sie kaum noch erhalten. Wahrscheinlich wurden sie nur zu Prozessionen innerhalb der Klostermauern, in den Kreuzgängen und der Kirche, weniger im Freien genutzt. Die zarte Maria der Verkündigung neigt sich mit vor der Brust gekreuzten Händen ganz leicht dem vor ihr knieenden Engel zu, der die Botschaft mit Segensgestus und schriftbandumflattertem Kreuzblumenstab überbringt. Von oben schwebt die kleine Taube als der Heilige Geist herab, der von Gottvater ausgesandt ist. Von den seitlich stehenden Heiligen ist rechts nur noch der durch das Schwert umgekommene hl. Matthäus erhalten, sein Gegenüber ist nur aus der Bildlogik zu erschließen. Hier ist wahrscheinlich einer der beiden Meister der Flügelmalereien der Lüneburger Goldenen Tafel aus dem Michaeliskloster tätig geworden. Wahrscheinlich handelt es sich um den ersten, der die Gesamtanlage der Tafeln begonnen hat und die Innenseite des linken und Teile des rechten Innenflügels fertiggestellt hat. Der Engel seiner Verkündigung zeigt die gleiche kunstreiche Flügelform wie der in Lüne, und auch sonst können augenscheinliche Vergleichbarkeiten in Bildaufbau und Konzeption gefunden werden.

An der Südseite des Nonnenchors befindet sich eine Bildhauerarbeit in Holz aus dem frühen 16. Jahrhundert, die farbig gefaßt ist und an die Figuren des großen Altarschreins erinnert. Denkbar ist ihre ehemalige Zugehörigkeit in einen solchen größeren, vielfigurigen Zusammenhang. Ein JÜNGLING (S. 23) hält in seiner linken Hand einen großen Kelch, dessen Kuppa er mit der Rechten beschützend liebevoll umfaßt. Da der Kelch gewöhnlich den Apostel Johannes auszeichnet, wurde diese Figur als Johannes angesprochen. Doch müßte er mit der rechten Hand das Kreuzzeichen über dem Kelch machen, um daraus das Gift zu vertreiben, mit dem man ihn töten wollte. Wir haben es hier wohl eher mit dem heiligen Eligius, dem Patron der Handwerker, insbesondere der Goldschmiede zu tun, der im 7. Jahrhundert als Goldschmied arbeitete und später in Noyon zum Bischof geweiht wurde. Offen muß die Frage nach den merkwürdigen Knotenbildungen auf der bürgerlichen Tracht des Heiligen bleiben. Weder für den Apostel Johannes, der im Regelfall einen Mantel über der langen Tunika trägt, noch für Eligius, der meist mit Bischofsgewand dargestellt wird, ist ein solches Aussehen bekannt.

Unter dem Schlußstein des vierten Joches auf dem Nonnenchor und aus dem Kirchenraum gut sichtbar hängt eine aus zwei Vorderseiten bestehende spätgotische LEUCHTERMADONNA (S. 28) aus der Zeit um 1500 herab. Hier handelt es sich um die Verbindung von apokalyptischem Weib und Jungfrau Maria, die hier mit dem Jesusknaben auf dem Arm erscheint. Was Johannes in der Offenbarung 12,1 sah, war "ein Weib mit der Sonne bekleidet, den Mond unter ihren Füßen, und auf ihrem Haupte eine Krone

von zwölf Sternen". Diese Madonna ist eine von vielen Neuausprägungen von Mariendarstellungen, die im letzten Viertel des 15. Jh. entstanden sind, aufgrund der vor allem auf Betreiben der Dominikaner neu entfachten Marienverehrung. Ausdruck dessen sind vielerorts entstehende Rosenkranz-Bruderschaften, die Lehre von der Unbefleckten Empfängnis oder die wieder aufkommende Hexenverfolgung. Der Künstler hat die Marienfigur mit einem Baldachin mit gotischen Fialen überfaßt, der seitlich gedrehte Stäbe zu einem unten herumlaufenden Ring entläßt, an dem sechs Kerzenleuchter irdisches Licht erstrahlen lassen können. Die Knorpelwerkverzierung kam 1649 dazu, wo man - trotz der protestantischen Vorbehalte gegenüber dem Marienkult - dieser Version offenbar nicht abgeneigt war.

Auf dem Altar des Nonnenchors steht ein kleines mit Monogramm und der Jahreszahl 1538 bezeichnetes Beweinungsbild aus der Werkstatt des LUCAS CRANACH d. Ä. (S. 29). Der tote, vom Kreuz abgenommene Christus wird von Johannes im Oberkörper hochgestützt und liegt im unteren Bildteil, den rechten Arm herunterhängend, den linken von einer Frau hochgehalten, den Kopf geneigt, fast ins Dreiviertelprofil aus dem Bild herausgedreht. Leblose, kraftlose Hilflosigkeit der toten Gliedmaßen und

Oben: Der Hochaltar der Klosterkirche, im frühen 16. Jh. entstanden, 1524 von Propst Lorbeer als Kreuzaltar gestiftet (vgl. S. 12, s. S. 8, 10)

Unten: Linke Partie der Predella des Hochaltars mit Heiligenfiguren bemalt (oben) sowie der geschnitzten Verkündigungsszene in zeitgenössischer Tracht und lüneburger Architektur, wie das Staffelgiebelhaus (unten rechts) zeigt (dem Pfortenhaus in Kloster Lüne vergleichbar)

Links: Anna-Selbdritt in einer Nische im Chor der Kirche, rechts: Bartholomäus auf einem ehemaligen Marienaltar in der Nordost-Ecke des Kreuzgangs. Beide Figuren wahrscheinlich um 1517 entstandene Werke des Lüneburger Christophorus-Meisters (siehe Text S. 10)

doch kein endgültiges Hinsinken. Der Kopf müßte herabfallen auf die Brust, wird aber in einem Moment der Lebensgleichheit gezeigt, so daß dem Toten der lebendige Gott innewohnt. Sehr gut kann man hier den Gedanken, den Luther in seinem "Sermon von der Betrachtung des heiligen Leidens Christi" entwickelt, in Bildgestalt verkörpert sehen. Gläubige Betrachtung des Leidens Christi ist danach nur möglich, wenn Gott selber unser Herz erweicht und Christi Passion sich in unser Herz senkt. "Darnach weyter steyg durch Christus hertz, zu gottis hertz".

Fast gleichzeitig mit dem Kirchenbau wurde ca. 1410 der nördliche KREUZGANGFLÜGEL (S. 33) angelegt, der wie die anderen bald darauf errichteten Flügel zunächst ungewölbt blieb, was an mehreren Merkmalen ablesbar ist: Im südlichen Flügel liegt der Spitzbogenschluß einer Tür - der Schultür - hinter den Kreuzgewölben, d.h., sie mußte mit der Einwölbung gekürzt werden. Im nördlichen Flügel zeigt der Zugang zur Kirche links ein abgetrepptes Gewände, der Spitzbogenschluß geht fast in die Scheitelhöhe des Kreuzgewölbes, und die rechte Seite hat ein glatt gemauertes Gewände, d.h., daß eine höhere Tür mit der Einwölbung niedriger gemacht werden mußte und schmaler, um dem Auflager der Gewölberippen Platz zu schaffen. Dennoch wurde hier im Nordteil recht bald das Gewölbe eingezogen, was sich an den "frühen" birnstabförmigen Rippenprofilen und den strengen Kämpferkonsolen zeigt. Die anderen Kreuzgangflügel wurden erst hundert Jahre später eingewölbt, zu schließen aus der erst später in Lüneburg aufgekommenen Verwendung der Taustab-Rippen (S. 5, 11, 35, siehe auch Text S. 27) und den Schlußsteinen mit den Wappen der Domina Mechthild Wilde (1504 - 35) und des Propstes Lorbeer sowie der Jahreszahl 1520 (S. 11, 35).

Ein weiterer Beweis für die anfängliche Balkendeckung ist noch heute in der EINGANGSHALLE (S. 34) belegbar. Dort hat sich die ursprüngliche Situation noch erhalten, doch stellt sie sich in verkleinertem Maß dar. An den westlichen Kreuzgang schloß sich um 1400 ein kürzeres als das jetzige Refektorium an. Die Brunnenhalle war entsprechend länger. Ihre Balkendecke wurde, wie heute, durch Unterzug und Holzsäule mit Kopfbändern gestützt. Als um 1500 das Refektorium seine jetzige Größe erhielt und die Kreuzgänge eingewölbt wurden, fand die verbliebene süd-westliche Kreugangecke für die Einwölbung kein Widerlager und blieb in ihrer Ursprungsdeckung.

Die Fenster des Kreuzgangs waren ursprünglich mit GLASMALEREIEN versehen. Leider sind sie bei der Sprengung einer Brücke in Lüneburg am Ende des zweiten Weltkrieges so stark zerstört worden, daß heute nur noch verbliebene Reststücke die frühere Schönheit der spätgotischen Dekoration ahnbar machen. Die ältesten Malereien befinden sich im Nordflügel, wobei von diesen Darstellungen nur noch Reste, vor allem zierliche Architekturverbände verblieben sind, die möglicherweise das himmlische Jerusalem darstellen. Auch den Klosteresel kann man hier finden. Die Verklärung Christi im dritten Fenster von Westen wurde im 19. Jahrhundert und 1961 restauriert. Die im westlichen Flügel vorhandenen lebensgroßen Darstellungen verschiedener Heiliger mit ihrer starken Farbigkeit (S. 35 oben rechts), die je eine Hälfte der zweigeteilten Fenster beanspruchen und scheinbar draußen im Friedhof stehen, um in den Kreuzgang hereinzuschauen, mußten sowohl in der Zeichnung als auch in den Farbflächen so stark ergänzt werden, daß sie nur noch stellenweise mit denen des frühen 16. Jahrhunderts identisch sind. Dagegen kleinteiliger finden sich Halbfiguren auf der

Oben: Die 1645 datierte und mit Kirchenliedanfängen sowie Bibelsprüchen verzierte Orgel (vgl. S. 12, s. S. 14). - Unten links: Die Kanzel von 1608 (vgl. S. 12, s. S. 14). - Unten rechts: Das Taufbecken von 1505 auf dem achteckigen Holzpodest von etwa 1650, links vor dem Altar (vgl. S. 12, s. Text S. 10)

Oben: Passionsaltärchen von 1480/90 unter der Orgel (vgl. Abb. S. 12, 21, s. Text S. 14ff.). - Unten: Der Propststuhl mit Wangen aus dem frühen 15. Jh., ebenfalls unter der Orgel, hier dekoriert mit dem Banklaken von 1507 (vgl. S.12, s. S. 11, 38f.)

östlichen Kreuzgangseite, wo auch ein Okulusfenster die traurigen Reste der nicht mehr lokalisierbaren Splitter vereint.

Noch heute vermeint man den Ernst der frühen Bauzeit zu verspüren, wenn man sich dem immer fließenden Brunnen, der von einem entfernt liegenden Teich gespeist wird, in der jetzigen Eingangs- oder Brunnenhalle zuwendet. Dieser LAUFBRUNNEN (Umschlag-Vorderseite), "Handstein" genannt, steht in einem Erker vor einem breiten, gegliederten Maßwerkfenster. Seine künstlerische Gestalt beweist die hohe Fertigkeit des Bronzegießers am Beginn des 15. Jahrhunderts.

Zu der mittelalterlichen Bewässerungsanlage, die von einem östlich gelegenen Klosterteich ausging, gehört auch der WASSERGRABEN (S. 41), der durch den Kräutergarten fließt, ebenso ein backsteingefaßter und über Bodenniveau liegender Wasserlauf zum Bewässern von Beeten sowie die 1571 nordwestlich der Klostergebäude erbaute MÜHLE (S. 3 u.).

Über dem großen Refektorium im Westflügel und auch über dem Südkreuzgang mit angebauten Zweckräumen und Kapitelsaal lagen die SCHLAFRÄUME (S. 30f.). Im Südteil die sog. "Ulenflucht" von ca. 1418, die mit einer ins Dach hineinragenden

Oben: Passionsaltärchen auf dem Nonnenchor, wahrscheinlich von Hinrik Levenstede d. J., um 1500 (siehe Text S. 14ff.). - Unten: Der Tabernakel vom Anfang des 15. Jahrhunderts auf dem Nonnenchor (siehe Text S. 16)

hölzernen Tonne überdeckt ist, deren Spitzbogenlinie dem östlichen dreigeteilten Maßwerkfenster folgt, das noch aus der ersten Bauphase stammt. Die dreischiffige Anlage mit den aus Eichenbrettern gezimmerten Zellen, die sich in Spitzbogenarkaden zum Mittelgang öffneten, wurde durch den späteren Einbau von Türen mit Gitterfenstern um 1500 ihrer Durchgängigkeit beraubt.

Heute kann man in manchen Zellen BEMALTE LEINWÄNDE (S. 31) finden, die den Wänden vorgespannt wurden. Sie stammen aus der Zeit nach der lutherischen Reformation und zeugen von individuellem Geschmack der Konventualinnen um 1700. Hier dokumentiert sich der allmähliche Übergang von der Zelle der katholischen Nonne zur Wohnung der evangelischen Klosterfrau. Die Gemälde sollten etwas mehr an Lebensgenuß, Freude und Glanz in die - nun als karg empfundenen - Räumlichkeiten bringen. Die Darstellungen von Parklandschaften mit Wasseranlagen, kleinen Villen und üppiger Vegetation oder des dramatischen Sturms auf dem See Genezareth erinnern - besondes wegen der textil wirkenden Umrahmungen - an Tapisserien französischer oder niederländischer Provenienz.

Das über dem westlichen Klausurtrakt liegende Dormitorium hat die gleichen Ausmaße wie die Ulenflucht und war anfangs wohl von gleicher Gestalt. Es wurde 1508 umgebaut und erhielt 1578 seine Holzvertäfelung, die ihm den Namen "Sarggang" (S. 30 rechts) eintrug. Denn die dunkle, schwere Holzkassettierung, die gewaltigen, kaum verzierten Bohlen des architravartigen Kämpfergesimses, die trapezförmige Schließung des Gewölbes und die dürftige Beleuchtung mögen den Namen zu Recht herausgefordert haben.

Der aus dem heute verwinkelten Grundriß gut ablesbare Kernbau des Klosters war 1418 fertiggestellt. Die um einen Friedhof gelagerten vier Kreuzgangflügel mit ihren Nebenräumen, die vierjochige Kirche und die Barbarakapelle erfüllten alle profanen und kultischen Bedürfnisse des klösterlichen Lebens. Das durch die Regel festgelegte Tagesprogramm war nicht mehr durch fehlende Gebäude eingeschränkt. Die vordringlichste Aufgabe des Klosterlebens erfüllte sich im Gebet. Die Glaubenswelt des Mittelalters ist gekennzeichnet durch die Angst vor dem Fegfeuer einerseits und die Sorge für die Verkürzung der Läuterung dort durch die Gnadenmittel der Kirche andererseits. Letztere erschöpften sich nicht etwa im Gang zur sonntäglichen Messe. Jeder meinte hoffen zu dürfen, durch Werke der Barmherzigkeit, durch Fasten und Almosengeben, Stiftungen, Fürbitten, Teilnahme an Prozessionen und Wallfahrten die Qualen des Fegfeuers für sich und schon Verstorbene verkürzen zu können oder gänzlich zu vermeiden, sofern die Seele nicht durch Todsünde der Hölle verfallen war. Und wenn ein begüterter Bürgerlicher oder ein Adelsgeschlecht seine unverheirateten Töchter in ein Kloster gab, geschah das nie ohne finanzielle Ausstattung, denn die immerwährende stellvertretende Fürbitte war erst durch die langfristige materielle und personelle Sicherung gewiß.

Der Tageslauf, wie ihn die Benediktinerregel vorschreibt, gibt dieser Aufgabe Ausdruck: Eine Stunde nach Mitternacht begaben sich die Nonnen zum Nachtoffizium in den Chor. Es wechselten Psalmengebete mit Lesungen aus den Kirchenvätern und dem Alten Testament; Cantica aus der Heiligen Schrift, Lektionen aus dem Neuen Testament und Hymnen mit Kehrversen. Danach erfolgte eine Pause, in der nicht mehr geschlafen werden durfte, bis zur Laudes, wo wieder - vor allem Psalmen - gebetet wurden. Die Laudes schloß mit Tagesanbruch. Das Morgengebet erfolgte bei vollem Tageslicht, das war die Prim. Nach der Prim begab sich die Klostergemeinschaft in den Kapitelsaal, wo täglich ein Kapitel der Ordensregel verlesen und ausgelegt wurde. Er diente auch als Beratungsraum und samstags als Ort für die Arbeitsverteilung der nächsten Woche. In manchen Klöstern fand hier auch das sogenannte "Schuldkapitel" statt: Die Priorissa rief eine oder mehrere Nonnen auf, die ihre äußeren Verstöße gegen die Regel bekennen mußten, worauf sie eine angemessene Strafe erhielten.

Der heutige Lüner KAPITELSAAL (S. 36) ist das Ergebnis einer Umgestaltung des 18. Jahrhunderts, die ganz und gar auf kühle Repräsentation zielte und den bis dahin erhaltenen mittelalterlichen Charakter zerstörte. Entsprechend zeigt sich der ÄBTISSINENTHRON von 1708: Zwei halbkreisförmige, weit ausgreifende Stufen heben den Thron über das Fußbodenniveau. In Bögen und Muschelformen hinein- und herausgreifende Seitenwangen führen hinauf zu dem schwungvollen Baldachin, der in barocker Fülle mit Putti, Fruchtgirlanden und schweifendem Blattwerk dekoriert ist. In der Mitte schreitet der - trotz Reformation nicht vergessene - Klosterheilige Bartholomäus mit üppig drapiertem Gewand auf kleinem Podest an höchster Stelle kräftig aus. Das Ölgemälde auf der Rückwand hinter dem Sitz zeigt die Salbung des kleinen David zum König.

An den Wänden des Saals hängen die PORTRÄTS der Dominae oder Äbtissinnen aus evangelischer Zeit, an denen gut abgelesen werden kann, wie sich die Klostertracht im Lauf der Zeiten verändert hat. Dazwischen reiht sich, dem Thron gegenüber, eine lebensgroße Darstellung des englischen Königs und hannoverschen Kurfürsten Georg II (1727 - 1760).

Als der königliche Gast in Kloster Lüne weilte, schien seine Unterbringung den Konventualinnen nicht standesgemäß, und sie errichteten südwestlich des Klausurgevierts das 1761 fertiggestellte repräsentative GÄSTEHAUS (S. 37), das auch der äußeren, sonst mittelalterlich geprägten Klosteranlage eine fremde, herrscherliche Note hinzufügte: Ein wohlproportioniertes, zweigeschossiges Gebäude mit Walmdach, das streng symmetrisch angelegt ist. Große Türen und hohe Fenster werden durch profilierte Stuckumrahmungen steigernd gefaßt, die Gebäudekanten sowie das mit einem Dreiecks-Giebel überfangene Mittelteil im seitlichen Vertikalverlauf durch Scheinquaderung betont. Die verbliebenen Fassadenflächen sind flach verputzt und farbig angelegt. Mit seiner Lage hat das neue Haus einen fast geschlossenen Klostervorhof erzeugt, zu dem ein schon 1735 geschaffener TORDURCHBRUCH (S. 3, 5) durch das westlich der Brunnenhalle gelegene Kornhaus die Kutschenanfahrt ermöglichte. Die Errichtung dieses barocken Herrenhauses macht deutlich, welche Ansprüche im 18. Jahrhundert an das Wohnen und die äußere Lebensführung gestellt und befriedigt werden konnten.

Ein vergnügungsreicheres Leben hat sich des früher hier herrschenden Geistes nur noch erinnert, wo die Nonnen mehrmals täglich auf dem Chor ihre Horen beteten: Wie bei der Prim (ca. 7 Uhr) wurden auch bei der Terz (ca. 9 Uhr) je drei Psalmen gesprochen, desgleichen bei der Sext (ca. 12 Uhr) und der Non (ca. 15 Uhr). Die Vesper wurde vor Sonnenuntergang mit vier Psalmen und einem Hymnus gefeiert und ebenso die Komplet, das Abendgebet. Diese große Einteilung der Gebetszeiten unterlag Verschiebungen durch die Jahres- und Fastenzeiten, die Sonn- und Feiertage. Das gleiche galt für die Einteilung der Mahlzeiten: Zumeist wurde nur einmal am Tag warmes Essen gereicht - entweder nach der Non, manchmal auch nach der Vesper. In der Festzeit zwischen Ostern und Pfingsten waren zwei Mahlzeiten eingerichtet. In den Fastenzeiten war die Essenseinnahme auf eine spärliche Mahlzeit beschränkt. Die verbliebene Zeit galt der Handarbeit (in Lüne, wie in fast allen Klöstern, hatte man für Arbeiten, die nicht der geistigen Förderung dienten, Laienschwestern und weltliche Dienstleute), dem Lernen und Lesen oder auch dem Beten für sich allein, verbunden mit dem Gang zum Nonnenchor, Friedhof oder Kreuzgang.

Zu Beginn der 40tägigen Fastenzeit erhielt jede Nonne ein ausgewähltes Buch zum Studium. Demnach muß auch in Lüne eine BIBLIOTHEK vorhanden gewesen sein. Es finden sich genügend Hinweise auf deren Existenz. So hat Propst Weigergang seinem Nachfolger "libri in theologia" (theologische Bücher) zusammen mit Silber und anderen Wertsachen hinterlassen. Dieser wiederum, Propst Bodenstedt, verfügt dieselben 1431 in seinem Testament zum ewigen Besitz des Klosters und gibt die seinen dazu. Ein undatierter Brief enthält die Bitte um Kauf eines "Libellum de imitatione Christi". Möglicherweise handelt es sich hier um das dem Thomas von Kempen zugeschriebene, 1420 erschienene Werk "Die Nachfolge Christi". Es ist ein Hauptwerk der Devotio moderna, einer geistlichen Bewegung des Spätmittelalters, die auch für Lüne höchst bedeutsam geworden ist. Außerdem setzt das volle Verständnis der beiden Passionsaltärchen mit dem nachtblauen Hintergrund (vgl. S. 20f., s. S. 14ff.) die Kenntnis von Evangelien-Harmonien voraus. Solche Bücher fanden im 15. Jahrhundert im Zuge der Reformbewegungen weite Verbreitung und waren besonders in Frauenklöstern die einzige Bibel-Textform, die den Nonnen sowohl in lateinischer als auch in deutscher Sprache zur Verfügung stand. Das Lesen der Bibel ohne Kommentierung war wegen möglicher Irrlehren zu gefährlich und daher ungebräuchlich. Da zwischen den lüneburgischen Frauenklöstern - Lüne, Ebstorf, Medingen, Walsrode, Isenhagen und Wienhausen - ein enger Kontakt herrschte, schenkten sie sich gegenseitig Bücher. Doch der Bestand ist fast vollständig verloren.

Unter Wenigem hat sich ein besonders wertvolles Stück erhalten, das als Buchdeckel mit zwei Miniaturen ("Heiliger Mauritius mit Gefährten" und "Verkündigung an Maria") die Zeiten überdauert hat. Der Buchdeckel gehörte zu einer Ebstorfer Chronik, die als Geschenk von dort nach Lüne gekommen ist. Die Miniaturen, im frühen 14. Jahrhundert entstanden, sind leider an drei Seiten beschnitten, bei der VERKÜNDIGUNG (S. 32) ist nur der linke Bildrand der ursprüngliche. Der Engel und Maria stehen sich als zarte, biegsame Figuren achsensymmetrisch gegenüber. Beide schwingen mit fließender, s-förmiger Biegung voneinander weg und aufeinander zu. Marias Obergewand, das unter dem Hals noch mit einer Spange zusammengehalten ist, öffnet sich und wird durch die "empfangende" Hand und die noch seitlich im Buch blätternde Hand auseinandergezo-

Jünglingsfigur, möglicherweise den hl. Eligius darstellend, auf dem Nonnenchor, Anfang 16. Jh. (siehe Text Seite S. 16)

Prozessionsfahne aus dem frühen 15. Jh., oben: Verkündigungsszene, unten: Anbetung der Magier (s. Text S. 16)

Prozessionsfahne aus dem frühen 15. Jh., oben: Höllenfahrt Christi, unten Auferstehung (siehe Text S. 16)

gen, um das den Körper betonende Untergewand freizulegen. Ihr Kopf mit dem umhüllenden Tuch hat sich vom Lesen hinweg schon dem Engel zugewandt und wird von einem Nimbus umgeben, der von der Taube durchstoßen wird. Diese nimmt die Richtung des Engelsflügels fast parallel wieder auf, so daß die himmlische Verkündigung auf eine mit Kopf, Herz und Hand bereite Menschennatur trifft. Wie sehr Maria als die "Geöffnete", als das "heilige Gefäß" charakterisiert ist, als welches Mystiker (wie Konrad von Würzburg oder Birgitta von Schweden) Maria bezeichneten, zeigt der ebenso gewandete Engel: Auch bei ihm ist das Obergewand von einer Spange oben zusammengehalten, doch wird es nicht geöffnet, sondern durch die ein Spruchband haltende linke Hand eher geschlossen.

Die Bibliothek barg auch Bücher, die in einer eigenen Schreibstube entstanden waren. Zwar wissen wir nicht, wo im Kloster sie sich befunden hat, aber ihre Existenz ist nicht zu leugnen. Da die Beschaffung von Papier und Schreibzeug dem Propst oblag, die Sacrista den Erhalt bestätigen mußte (die Sacrista versah neben dem Dienst in der Sakristei auch die Bibliothek, die sich wohl hier befand; die Cantrix verwahrte die liturgischen Bücher), finden sich über diesen Vorgang etliche Vermerke. So hat zum Beispiel Propst Lorbeer am 30. IV. 1507 "10 libros papiri et scripturale" geliefert. Natürlich waren nicht alle Nonnen für diese künstlerische Tätigkeit geeignet, aber neben Elisabeth Garleghes, die von Priorissa Wilde als "mea fidelis scriptrix" bezeichnet wird und Margaret Nienborghes, in deren Todesanzeige es heißt: "se konde schruien, malen, pagineren" gab es sicherlich noch manch andere kunstfertige Hand. Leider kann zur Zeit nur eine Handschrift (Landesbibliothek Hannover: Ms. I, 94 (HV 4)) mit figürlichem Schmuck mit großer Sicherheit nach Lüne lokalisiert werden.

So streng, wie die benediktinische Regel es meint - nämlich Armut, d. h. Verzicht auf Privateigentum, Askese wie z. B. das Verbot, vom Fleisch vierfüßiger Tiere zu essen, Keuschheit, gemeinsamer Tisch und gemeinsame Arbeit, gemeinsames Gebet, Gehorsam und Schweigepflicht -, wurde sie in Lüne und auch in anderen Klöstern nicht befolgt. Das 15. Jahrhundert ist allgemein gekennzeichnet durch einen gewissen Tiefstand der klösterlichen Disziplin. Eine Reihe von Reformbestrebungen machte es sich zum Anliegen, die alte Klosterzucht neu zu aktivieren und für deren Erhalt zu sorgen. So tat es auch eine Erneuerungsbewegung, deren benediktinische Ausprägung gegen 1433 von Kloster Bursfelde bei Hannoversch Münden ausging und u. a. fast alle norddeutschen Klöster reformierte. Seit 1386 wirkte eine in den Niederlanden entstandene und schließlich vom Augustiner-Kloster Windesheim aus getragene geistige Bewegung, die versuchte, fromme Lebenshaltung in der Nachfolge Christi neu zu entfachen. Vorausgegangen war seit 1378 die Bewegung der Devotio moderna, die sowohl die Geistlichkeit als auch Laien ergriffen hatte. Nicht theologische Gelehrsamkeit, sondern schlichte Frömmigkeit sollten zu einem Leben führen, bei dem Christus als konkretes Ziel von Liebeszuwendung und mystisch geprägte Gottesschau im Mittelpunkt standen und zu geistig ausgerichteter Arbeit sowie tätiger Liebe führen sollten.

Die Reform wurde in Kloster Lüne - wie in den anderen Lüneburger Frauenklöstern - nicht aus eigenem Antrieb übernommen, sondern nach anfänglichem Widerstand akzeptiert. Sie verlief hier 1481 relativ undramatisch. Aus dem - schon reformierten - Kloster Ebstorf kamen acht "reformatrices" mit ihrem Propst Matthias von dem Knesebeck, dem Verdener Domdekan Otto Valle und drei weiteren Geistlichen, die die Lüner Priorin Bertha Hoyer ihres Amtes enthoben und an ihre Stelle die mitgebrachte, erst 23jährige Sophie von Bodendike setzten. Die wichtigen Stellen der Subpriorin, der Sacrista, der Küchenmeisterin und der Cantrix oblagen ihren Begleiterinnen. Auch ein neuer Beichtvater wurde Lüne aufgezwungen. Doch was so unheilvoll begann, verlief in der Folgezeit heilsam. Nur die ersten beiden Nonnen verblieben in Lüne, die anderen kehrten zurück ins Heimatkloster, auch der Beichtvater blieb nicht lange. Denn Propst Graurock und der Konvent hatten Ernst mit der Reform gemacht: Die vita communis, das gemeinsame Leben wurde wieder eingeführt, die kanonischen Stunden und das Schweigegebot streng gehalten und ebenso die Klausur. Die Klausur war bei den meisten Klöstern nicht wiedereinzurichten, sondern neu einzuführen. Bekannt ist die Tatsache, daß Klosterfrauen Pilgerreisen machten, auf Synoden erschienen. Die hl. Lioba machte z. B. Besuche in anderen Klöstern, bei der Kaiserin, beim Grab ihres Verwandten, des hl. Bonifatius. Zu Armut, Keuschheit und Gehorsam, die bei der Profeß versprochen wurden, kam nun die Verpflichtung zur Klausur, die aus der Regel des hl. Benedikt nur bedingt abzuleiten ist. Weltlichen gestattete man keinen Zutritt ins Klosterinnere und die Nonnen durften nicht hinaus. Ein enges Sprechgitter ermöglichte eine begrenzte Unterhaltung mit Besuchern. Briefwechsel mit Laien wurde beschränkt. Dafür begann die Neugestaltung des inneren Klosterlebens. Neue Bücher wurden durch eigener Hände Arbeit geschrieben und verziert; neue Lieder und Hymnen wurden eingeübt und gesungen; die Kenntnis des Lateinischen wurde vertieft.

Wie lange in späteren Zeiten das Lateinische noch große Wertschätzung genoß, zeigt ein leider nicht in Originalgröße erhaltenes Gemälde aus dem 17. Jahrhundert, das heute im Remter bzw. Refektorium hängt. Da werden die MENSCHLICHEN SINNE (S. 39) Hören, Schmecken, Fühlen, Sehen, Riechen als fünf prächtig gekleidete Damen zu einer Gesellschaft vereinigt und rings um einen Tisch gruppiert. Sie werden in entsprechenden Tätigkeiten dargestellt, mit Ziffern belegt, die in einem Schriftband am unteren Rand des Bildes als Auditus, Gustus, Tactus, Visus und Olofactus bezeichnet werden. Diese Dar-

Der Nonnenchor nach Osten, Chorgestühl aus der Mitte des 17. Jahrhunderts (vgl. Abb. 13, s. Text S. 6)

stellung wurde sicherlich als Unterrichtsmittel verwendet, denn auch die Klosterfrauen der evangelischen Zeit haben - wie ihre katholischen Vorgängerinnen - noch bis 1741 Schülerinnen aus der Umgebung im Kloster gehalten und unterrichtet, was auch aus der Bezeichnung für zwei Räume im Südflügel hervorgeht: "Schule" und "Kinderhaus".

Doch das lateinische Lernpensum nach Einführung der Reform war umfassender. Nur allgemeine Erbauungsbücher, auch manche Liederbücher wurden niederdeutsch abgefaßt. Denn mit der Erneuerungsbewegung erweiterte sich die Klostergemeinschaft, die nicht nur der Kirchensprache, sondern auch der Alltagssprache ein neues Bewußtsein entgegenbrachte, was in besonders eindrucksvoller Weise in einem niederdeutsch gedichteten Lied zu Tage tritt, wo Christus eine Nonne als "min alderleveste brut (Braut)" anspricht.

Generell stellte der neugestaltete, wohldurchdachte Alltag veränderte Ansprüche, die eine erneute Bautätigkeit erforderlich machte, der die Klosteranlage im wesentlichen die bis heute überkommene Gestalt verdankt und noch immer Zeugnis ablegt von dieser letzten Blüte reformierten Ordenswesens:

Zum einen erfolgte 1497 die schon genannte Verlängerung des Nonnenchors. Die neue Chortür wurde zum ersten Mal mit dem in der Zukunft für den Lüneburger Raum so typischen Zierelement des TAUSTABES (S. 5 ol, 11, 35 u) geschmückt. Dabei handelt es sich um Backsteinformen, die, aneinandergesetzt, umeinandergeschlungenen Seilen oder "Tauen" ähneln. Dieses reizvolle Motiv findet dann auch bei der Einwölbung der bis dahin noch balkengedeckten Kreuzgangflügel Verwendung.

1482 ersetzte Propst Graurock eine alte durch eine neue Küche, den heutigen SOMMER-REMTER (S. 38). Dieser Remter ist jetzt im Stil des 16. Jahrhunderts restauriert und bildet mit seiner kräftigen, farbenfrohen Bemalung einen überraschenden Effekt. Die gezackten, parallel verlaufenden Farbbänder, die über die offenliegenden Balkenkonstruktionen gelegt sind, nehmen keinen Bezug auf deren architektonische Aufgaben des Tragens und Lastens. Auch die Bemalung mit einer Folge von höchst modern anmutenden geometrischen Flächen an Ost- und Westwand sowie an den südlichen Fensterbögen will keinen Bezug zu den zugrundeliegenden plastischen Architekturformen.

Hier befindet sich die "SCHENKESCHIEVE" (S. 40), ein Dielenschrank, der plan auf dem Boden aufsteht und von einem breit ausladenden, schön profilierten Gesims abgeschlossen wird. Die Vorderseite zeigt architektonische Gliederungen, wobei rechts und links zwei senkrechte Friese verlaufen, die durch

Die Leuchter-Madonna, um 1500, auf dem Nonnenchor, links nach Osten, rechts nach Westen gesehen (s. S. 16)

je zwei Wappen tragende, bemalte Felder untergliedert sind. Es handelt sich außer dem Medingschen um Wappen der Familien, die durch Heirat mit der Familie von Meding verbunden waren. Dorothea von Meding war es, die als junge Nonne 1562 mit einer KREUZESVISION (S. 36u) zur Amtszeit der Anna Marenholz (1562 - 1580) den Konvent zur Annahme des evangelischen Glaubens bewegte. 1580 als zweite evangelische Domina gewählt, verwaltete sie das Amt bis 1634. Sie hinterließ diesen Ahnschrank dem Kloster. Ein horizontales Mittelfeld wird von zwei Spruchbändern - das obere trägt die Jahreszahl 1613 mit den Worten des damaligen Sprachgebrauchs: "Ano Godt vorledt De sine Nicht Ewiglich" und das untere die lateinischen Worte aus Römer 14,8 "SIVE VIVIMUS SIVE MORIMUR DOMINI SUMUS" (leben wir oder sterben wir, so sind wir des Herrn) - von je vier eingetieften Feldern oben und unten getrennt. Darin zeigen sich personifizierte Darstellungen der Tugenden, und zwar im oberen Teil die theologischen oder göttlichen Tugenden - Glaube, Hoffnung, Liebe - zusammen mit der Gerechtigkeit. Unten sind die Kardinaltugenden - Stärke, Klugheit und Mäßigung zusammen mit der Humilitas (Demut), der Mutter aller Tugenden - aufgeführt.

Dieser Graurocksche Küchenbau schloß westlich mit einem schönen Giebel ab, der rechts und links von zwei unterteilten Spitzbogenfenstern flankiert war und in der Mitte eine große "Fensterrose" zeigte. Der große Kreis der Fensterrose hatte nur ein relativ kleines Okulusfenster, das von teilweise plastisch gewölbten Formsteinen in Rundmauerung umlaufen wurde, was sich in dekorativer Weise von der sonstigen horizontal verlaufenden Backsteinvermauerung abhob.

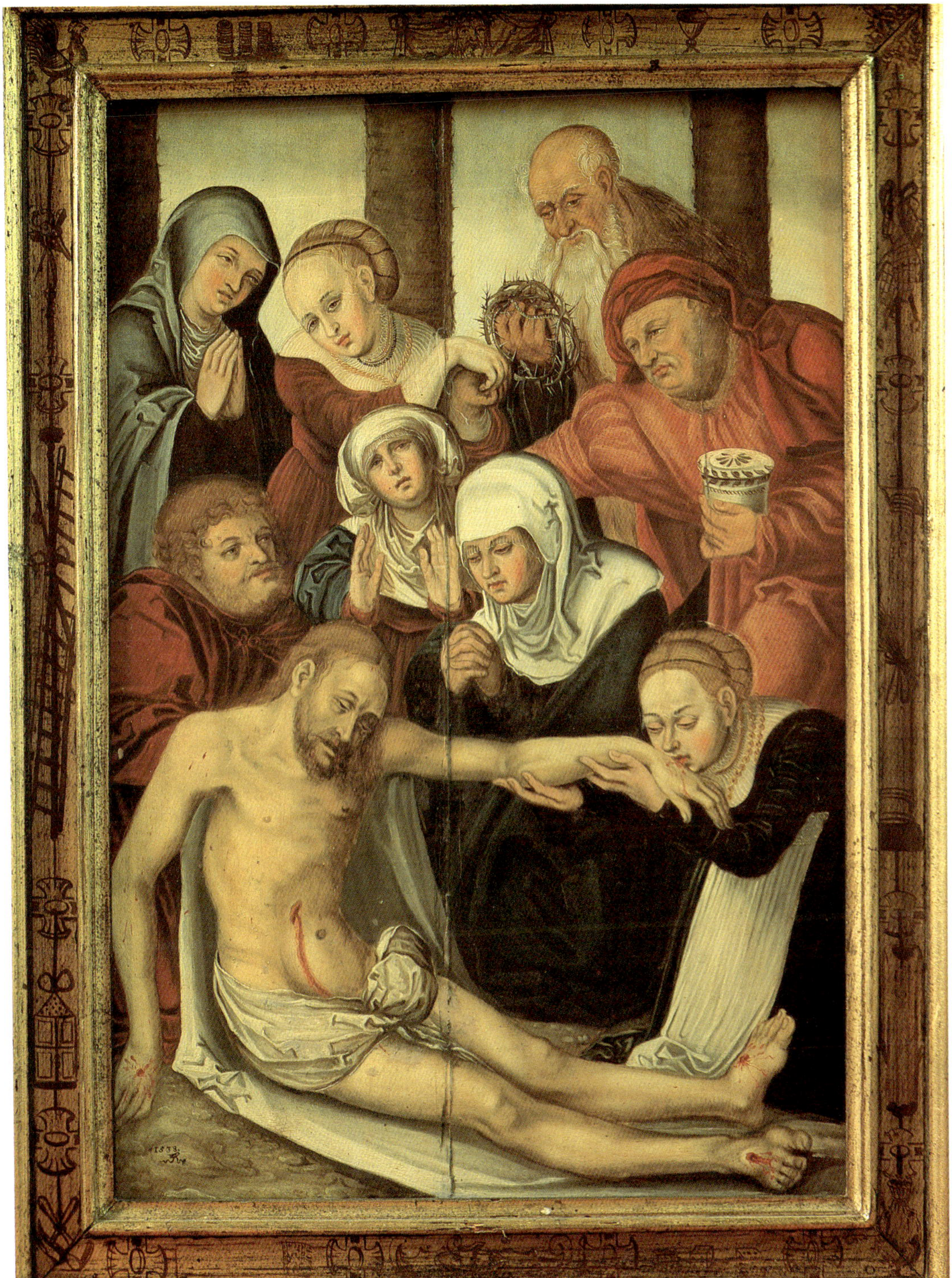

Das Beweinungs-Bild aus der Werkstatt des Lucas Cranach d. Ä., mit Monogramm und Jahreszahl 1538 versehen, auf dem Nonnenchor (siehe Text S. 17f.)

Obergeschosse des Klausurgevierts; links: die "Ulenflucht" von ca. 1418 über dem Südflügel, nach Osten gesehen. - Rechts: der "Sarggang" über dem Westflügel mit der Holzvertäfelung von 1578, nach Süden gesehen (vgl. Abb. S. 31, s. Text S. 20-22)

Doch bald mußte dieser stolze Westgiebel, wahrscheinlich schon unter Propst Schomaker (1494 - 1506), einem wiederum neuen Küchentrakt weichen. Dieser Anbau wurde noch bis in unser Jahrhundert hinein als Küche genutzt. In alten Zeiten wurde hier das Mahl für den gemeinsamen Tisch bereitet; später schickten die Chanoinessen oder Konventualinnen ihre Zofe mit Aufträgen für das gewünschte Essen zu einer Köchin dorthin. In schlechten Kriegs- und Nachkriegszeiten wurde das Wenige, was von Essensmarken zu bereiten war, hier mit aufgenommenen Obdachlosen geteilt. Heute, wo jede Konventualin in ihrer eigenen Wohnung lebt, erinnert nur noch die gewaltige Feuerstelle an die ehemalige Nutzung.

Rechtwinklig dem Refektorium gegenüber hatte schon Graurock 1483 ein ARBEITSHAUS (S. 41) errichtet, das sein Nachfolger um 1500 durch einen brückenartigen Gang mit einem neuen WASCHHAUS westlich davon verband (S. 5 ul). Ein Wassergraben, der durch den KRÄUTERGARTEN (S. 41) hierherführt, und ein immer fließender Brunnen sind noch heute intakte Zeugen dafür. Denn das kostbarste künstlerische Ergebnis der Reform, die gestickten Teppiche, verlangten eine aufwendige Materialvorbereitung. Nicht nur die Wolle wurde im Kloster zu Fäden versponnen, auch das Einfärben derselben mit seinen vielen Wasch- und Spülgängen erfolgte hier. 1509 wurde sogar südlich der Brunnenhalle ein WEBHAUS (S. 5 unten rechts) mit Unterkellerung geschaffen. Die Zubereitung der Woll- und Flachsfaser bis zum spinnfertigen Rockenbündel oblag sicherlich den Mägden. Das Spinnen verlangt besondere handwerkliche Fertigkeiten und wurde auch von Nonnen, die sich die feineren Arbeiten des Stickens und Vorzeichnens vorbehielten, ausgeübt. Das Färben der Wolle erfordert zwar Fachkenntnisse, aber vor allem zupackende Hände, die wir kaum bei den Klosterfrauen suchen sollten, es sei denn, daß sich eine in besonderer Demut dazu bereitgefunden hat.

Gleiches gilt für die Krankenpflege. Diese gehörte wie die mildtätige Armenspeisung zu den Aufgaben eines mittelalterlichen Klosters. In Lüne kam es erst 1508 zur Errichtung eines SIECHENHAUSES (S. 5 unten rechts), das sich südlich im rechten Winkel an das Arbeitshaus anschloß und zum Refektorium hinlief, obwohl irgendeine Form von Infirmarie immer bestanden haben muß. Erst um 1550 wurde der die Gesamtanlage nach Westen hin abschließende Riegel des KORNSPEICHERS (S. 3 o., 5l) erbaut und bis heute sind natürlich so viele Veränderungen und Hinzufügungen erfolgt, daß der Bauverlauf nur näherungsweise angegeben werden kann. Doch hat keine Bauveränderung der heute so verwinkelten Anlage schmerzlichen Abbruch getan. Da die nie verlassene Backsteinbauweise zusammen mit dem Fachwerk zu stets kleinteiliger, phantasievoller Fügung herausfordert, sind viele äußere Ansichtsflächen durch dekorative Verbände von einfachen Backsteinen in liebevoller Weise geschmückt.

Kernstück der Bauunternehmungen infolge der Reform bildete das REFEKTORIUM (S. 43). Zunächst wurde es um etwa ein Drittel verlängert und zur Brunnenhalle hin in zwei jetzt noch im Mauerwerk erkennbaren Bögen (S. 34 unten) geöffnet. Die alten Deckenbalken erhielten eine Holzverkleidung, die mit Rankenmotiven und Zierbändern bemalt, beschrieben und mit den Wappen des Propstes Schomaker und der Priorissa Sophie von Bodendike geschmückt wurden. Die Nonnen nahmen an den beiden acht Meter langen, schmalen spätmittelalterlichen Tischen (wie sie noch jetzt dort stehen) nicht nur das gemeinsame Essen ein, sondern stickten auch hier, der Lesung folgend, ihre Teppiche. Deshalb veranlaßte Sophie den Einbau einer Luftheizung unter dem Plattenfußboden und die Schließung der Südwand.

Gleichzeitig zeigten die Wände reichen Bilderschmuck. Hinter den Vorratsschränken des 18. Jahrhunderts und in der Wandfortsetzung nach Norden hat man Reste von SECCOMALEREIEN (S. 42) gefunden, die in der Folgezeit oft übermalt wurden und schwer zu restaurieren sind, die aber eine zuunterst liegende frühere Seccomalerei überdecken. Ein 50 cm breiter Streifen, der rote und grüne Palmwedel auf hellem Grund zeigt und dessen Entstehung um 1400 angenommen wird, gibt Kenntnis von der früheren Raumgröße. Die spätgotische Blattwerkmalerei wurde dann darüber und an allen anderen Wänden in zwei Schichten aufgebaut: grüne Grundierung, lineare Vorzeichnung, flächiges Anlegen der Lokaltöne in Kalksecco; darauf, kräftig modellierend, naß in naß die Fertigstellung der Gewänder und Inkarnate, der Ornamentik und deren Weißhöhung in Kalkkaseïn-Tempera. Auch wenn noch nicht die gesamte Malerei an dieser Ostwand freigelegt ist (an Nord-, West- und Südwand sind nur geringste Reste erhalten), kann schon ein ikonographisches Programm abgelesen werden: Vor einer prächtigen Blattwerkornamentik mit stilisierten Blüten auf malachitgrünem Grund sind um das Zentrum der Anna-Selbdritt links sieben männliche, rechts sieben wohl weibliche Heilige dargestellt. Links neben Anna steht der hl. Antonius mit Stab und Schwein, gefolgt von den vier Kirchenvätern - Ambrosius, Augustinus mit dem Herz in der Hand, Hieronymus mit Buch und dem Löwen sowie Papst Gregor mit Kreuzstab -, einem Bischof und einem Christophorus mit dem Christusknaben. Zur Rechten sieht man die hl. Katharina mit dem Schwert, der sich die noch gut erkennbare hl. Barbara anschließt. Die fortführende Malerei ist noch unrestauriert. Dennoch ist der bis jetzt freigelegte Bestand so bedeutend, daß er die Frage nach der Werkstatt herausgefordert hat. In der Alten Kanzlei des Lüneburger Rathauses und auch bei der Erstbemalung der Balkendecke im dortigen Fürstensaal hat man verwandte Ornamentik gefunden, nahezu deckungsgleiche Motive an einer Schenkeschieve von 1474. Für die Figuren ist eine Übereinstimmung mit zwei Tafeln eines Benediktzyklus von 1495 entdeckt worden. Alles verweist auf Hinrik Levenstede d. J., vor allem deshalb, weil eine erhaltene Kämmereirechnung für die Schenkeschieve die Witwe Levenstede, die Mutter des Hinrik Levenstede d. J., als Ausführende der Bemalung nennt. Sie hatte nach dem Tod ihres Mannes, Hinrik

Zellen der Nonnen in der "Ulenflucht", links eine ältere in der Nordseite, rechts eine der mit barocken Leinwandmalereien bespannten Zellen der Südseite (vgl. Abb. S. 30, s. Text S. 20-22)

Verkündigungsszene, Miniatur aus dem frühen 14. Jh. von einem Buchdeckel, der zu einer Ebstorfer Chronik gehörte und von dort als Geschenk nach Lüne kam (siehe Text S. 23, 26)

Levenstede d. Ä., 1460 dessen Werkstatt übernommen und weitergeführt, bis der Sohn sie führen konnte. Höchstwahrscheinlich wurde diese Werkstatt dann hier in Lüne in den letzten beiden Jahrzehnten des 15. Jahrhunderts tätig (vgl. auch S. 21, s. a. S. 14). Auch der Fußboden strahlte Farbiges aus: An unbenutzten Stellen kann man jetzt noch glasierte Kacheln finden. Und die Fenster waren zum Teil mit großfigurigen, farbigen Aposteldarstellungen versehen. Wo das Auge überall seine Unterhaltung fand, konnte die Schweigepflicht sich leichter erfüllen lassen.

Kreuzgang-Nordflügel nach Westen, rechts im Bild die Strebepfeiler der Kirche (siehe Text S. 18)

Im Zuge der Erweiterung des westlichen Kirchenschiffs ist auch das nordwestlich daran anschließende PFORTENHAUS (S. 4 unten), der Eingang zur Klausur, um 1500 entstanden. Die noch verbliebenen Reste zeigen den souveränen Umgang mit den schmückenden Elementen der Backsteinarchitektur. Der Taustab vom Westeingang des Nonnenchors wird nun vielfältig eingesetzt: Zur Rahmung der Tür sowohl in der Gesamtumfassung als auch im segmentbogigen Verlauf, zur Einfassung des Okulusfensters darüber, zur Heraushebung des getreppten Giebels, zum Säulenmotiv für Blendarkaden und deren Umlauf. Formsteine fügen sich zu Kleeblattarkaden und -rosette. Glasierte Steine werden in senkrechten Verläufen schmückend eingesetzt. Durch diese Vielseitigkeit und das Erfinden von sich gegenseitig steigernden formkräftigen Motiven senkrechter, runder und halbrunder Wandglieder entsteht ein plastisch durchwirkter Wandkörper, der sich ehemals prächtig von dem eher puristischen Kirchenbau absetzte.

Der Klosterpforte gegenüber liegt die PROPSTEI (S. 3f.), die Wohnung des Propstes, die seit 1451 belegt ist, unter Propst Schomaker (1493-1506) neu errichtet und und in der Zeit nach 1506 ebenfalls mit reichem Backsteinornament verziert wurde, heute aber nicht mehr zum Klosterbesitz gehört. Das große, repräsentative Gebäude gibt eine Vorstellung von der herausragenden Position seines Besitzers.

Pröpste waren im Regelfall angesehene, wohlhabende, juristisch gebildete und einflußreiche Adelige oder Bürgerliche. Sie kamen durch Präsentationsverfahren in ihr Amt und besaßen meist die Landstandschaft, das heißt, sie bildeten auf den Landtagen den Prälatenstand. Über die Ratsfunktion hinaus mußten sie bei der Verwaltung des Landes mitwirken, so bei Verhandlungen im Auftrag des Landesherrn, bei der Einziehung von Steuern oder der Beteiligung an Schiedsgerichten. Zwar hatten die Frauenklöster das Recht auf freie Propstwahl - so für Lüne wiederholt von Päpsten bestätigt -, doch die Herzöge interpretierten ihr Recht, unfähige Pröpste nicht zu akzeptieren, dahingehend, daß sie unerwünschte Personen gar nicht erst zur Wahl präsentierten. Was als freie Wahl des Konvents in den Quellen erscheint, ist wahrscheinlich oft die Hinnahme der Präsentation des Landesherrn oder des Diözesanbischofs. Dieser Modus führte bisweilen zu fol-

Oben: West- und Süd-Kreuzgang mit verbliebener Balkendeckung in der Ecke (s. Text S. 18f.). - Unten: Eingangshalle, rechts Barocktreppe zu den Dormitorien, links Refektoriumstür mit Arkadenbogen darüber (s. Text S. 18, 31)

Oben: Glasmalerei im westlichen Kreuzgang: die Apostel Bartholomäus (links) und Jakobus d. Ä. (rechts) (s. S. 19). - Unten: Westlicher Kreuzgang, Taustab-Rippen und Schlußstein mit dem Wappen des Propstes Johannes Lorbeer sowie teilweise freigelegten Malerei-Resten (vgl. S. 5ol, 11; s. S. 18)

genschweren Unstimmigkeiten. Manchmal kam es auch vor, daß das Verhältnis von Herzog zu Propst sich trübte, wie z. B. bei Dietrich Schaper (1440 - 1451), der im sogenannten Prälatenkrieg als Lüner Propst die Front der Klöster gegen die Stadt Lüneburg leitete, um einer Beteiligung an der Schuldenlast der Stadt, die aus dem Salzhandel erwachsen war, zu entgehen. Das geschah zunächst nicht ohne Zustimmung des Landesherrn, dem die Schwächung der politischen Macht der Stadt gelegen kam. Doch als sich Schaper weigerte, 1451 auf einen Vermittlungsversuch des Bischofs Johann von Verden, einem Bruder des Landesherrn, einzugehen, wurde er nach einem Prozeß abgesetzt und exkommuniziert. In den folgenden Wirren kam es beim Amtsantritt des neuen Propstes Nikolaus Graurock (1457 - 1493) zu Schwierigkeiten, die ebenfalls mit dem Präsentationsverfahren in Zusammenhang stehen. Erst nach Jahren konnte Graurock sein für das Kloster fruchtbringendes Amt als Propst rechtmäßig antreten.

Als die junge Priorissa Sophie von Bodendike in Lüne mit farbiger Teppichstickerei begann, griff sie auf eine althergebrachte Tradition zurück. Schon 200 Jahre vorher hatten Lüner Klosterfrauen in unendlicher Geduld und Ausdauer Weißstickereien hergestellt. Diese wurden aus den Flammen des ersten Klostergebäudes gerettet (vielleicht sogar in den Truhen, die jetzt noch im Kloster stehen, vgl. S. 5), weil sie als sakrale Gegenstände Verehrung genossen. Heute finden sich hier noch fünf Altardecken und zwei Fasten- oder Hungertücher (ein drittes hängt im Kestner-Museum, Hannover) aus dem 13. und 14. Jahrhundert. Es ist schwierig, die Tücher exakt zu datieren, denn der Charakter des Entwurfs geht beim Sticken weitgehend verloren. Deshalb gibt es nur vage Hinweise auf Vorbilder mit gesichertem Entstehungsdatum. Die Vorzeichnungen beziehen sich im Regelfall auf romanische und frühgotische Beispiele, die wahrscheinlich den Büchern der Klosterbibliothek - und zwar ganz unbekümmert vermengt - entnommen wurden. Oftmals muß eine Vorzeichnung überhaupt angezweifelt werden. Die handwerkliche Ausführung der Stickerei spricht von meisterhaftem Können. Die Hungertücher wurden in der Fastenzeit vor den Altarraum gehängt, damit die Gemeinde als eine Form der Buße dem Geschehen am Altar nicht zuschauen konnte. Nur das Licht, das durch die Tücher hindurchschien, brachte die gestickten Formen hervor. Deshalb durfte auch die Rückseite keinerlei Ungenauigkeit, Unsauberkeit oder störendes Beiwerk aufzeigen. Es mußte immer eine Stichtechnik gewählt werden, bei der beide Seiten in gleichem Maße den darzustellenden Gegenstand

Oben: Der Äbtissinen-Thron von 1708 und zwei Äbtissinnen-Porträts im Kapitelsaal (s. Text S. 22, 41). - Unten: Die Kreuzesvision der Dorothea von Meding, Gemälde aus der Zeit um 1600, im südlichen Kreuzgang (s. Text S. 27f., 41)

deutlich machten. Doch da auch die Altartücher, die an hohen Feiertagen den Altar schmückten, nichts an vergleichbarer Präzision entbehren, erklärt sich diese Tatsache nicht so sehr durch den Lichteinfall als vielmehr durch den Sinngehalt, der ihnen beigemessen wurde.

Das älteste erhaltene HUNGERTUCH (S. 44 oben) aus der Mitte des 13. Jahrhunderts zeigt einen sitzenden Christus mit Segensgestus in der Mandorla. Die vielfältige Musterung wirkt in ihrer Kleinteiligkeit in Bezug auf die Gesamtgröße (120 x 374 cm) nicht unruhig. Durchfallendes Tageslicht vermag die Schärfe der zackigen Hexenstiche, wie sie die Photographie nahelegt, zu dämpfen und in den Schleier des dünnen Untergrundes einzuweben.

Vergleicht man das erste mit einem zweiten Tuch (gegen 1300), das den WELTENRICHTER ZWISCHEN MARIA UND JOHANNES DEM TÄUFER (S. 44 unten) zeigt, so sind große Veränderungen zu

Nordfassade des Gästehauses aus der Mitte des 18. Jahrhunderts (siehe Text S. 22)

beobachten: Man meint, nicht eine Zeichnung, sondern eher eine Malerei vor sich zu haben, weil größere Flächen und nicht mehr bloße Linien aufeinander Bezug nehmen. So werden die Binnenfelder der figürlichen Hauptbildträger von dichtem Leinenstoff gebildet und mit je unterschiedlichen Motiven überstickt. In allen weniger wichtigen Bildteilen, wie Ranken- oder Tierformen bleibt der Leinenstoff ohne Binnenstruktur und grenzt sich scharf mit kräftigen Umrandungen vom Hintergrund ab, der dem ganzen Tuch wie ein transparenter Hauch unterlegt ist und als gitterartige Durchbrucharbeit hergestellt wurde. Diese Arbeit, bei der je drei oder vier Fäden des Leinenstoffes zusammengezogen und mit einem weiteren Faden umwickelt werden, so daß ein Gitterwerk entsteht, konnte auch von weniger begabten Nonnen gefertigt werden. Handwerkliche Sicherheit und künstlerisches Vermögen waren dagegen bei den kettengliedartig gereihten Rundfeldern der Seitenteile vonnöten, wo phantasievolle Drôleriewesen eingeschlossen sind. Anders dagegen der Ernst des Mittelfeldes, wo jede Figur für sich allein auf dem lichten Durchbruch steht, nur durch die Symmetrie der Komposition verbunden. Alle Kunst wird auf die reich differenzierte Binnenstickerei verwandt, die jetzt den Gobelinstich und den Flachstich neu hinzunimmt. Gegenüber dem älteren Fastentuch, wo auch schon Hexen-, Zopf-, Knopfloch-, Stiel- und Kettenstich vorkamen, sind jetzt eine Menge an neuen Bildmitteln hinzugetreten, die in den Folgetüchern beibehalten und zum Teil noch verfeinert worden sind. Da die Musterung der Seitenteile um 90° gedreht erscheint, wird man auf den Gebrauch als Altardecke schließen dürfen. Das ist das einzige Unterscheidungsmerkmal zwischen Hungertuch und Altardecke. Denn auch im Thema sind sie gleich: Alle beziehen sich auf Christus, auch wenn - wie hier - Maria und Johannes hinzutreten oder in den Folgetüchern Szenen aus seinem Leben. Beide Arten konzentrieren sich auf das Geschehen am Altar, sei es als Stellfläche für den Kelch des Meßopfers oder als dessen Verhüllung.

Besonders deutlich wird dieser Bezug in dem Altartuch mit der Darstellung des GNADENSTUHLS (S. 45 oben). Hier meint man eine breitangelegte, frühe, romanische Bildsprache zu vernehmen, und doch ist dieses Tuch später entstanden als das mit der KREUZIGUNG CHRISTI (S. 45 unten), einer deutlich gotischen Aussage vom Anfang des 14. Jahrhunderts, wo Vierpässe und elegante, den Körper mitbedenkende Linienführung - unterstrichen durch die Feinheit des damastähnlichen Schimmers, den die schräg gegeneinander gestellten Lagen des Klosterstichs erzeugen - den Entstehungszeitraum einigermaßen absichern. Beim Gnadenstuhl werden früheste Vorbilder mit wenigen späten so unmerklich vermengt, daß es nur auf Grund detaillierter Forschung möglich war, das späte Entstehungsdatum im zweiten Viertel des 14. Jahrhunderts herauszufinden. Das Hauptbild zeigt die Gestalt Gottvaters, die die Figur des Gekreuzigten in sich aufnimmt. Die dichte Stickerei und die kaum differenzierende

Der sogenannte Sommer-Remter nach Westen (siehe Text S. 27)

Musterbildung läßt die beiden in ein fast körperloses Eins verschmelzen, zu dem die Taube hinzukommt. Diese Heilige Dreifaltigkeit wird von A und O flankiert, von der Mandorla gerahmt, von Engeln gehalten und von Evangelistensymbolen in Halbkreisen umschlossen.

Sophie von Bodendike hat aus ihrem Heimatkloster Ebstorf nicht nur die Reform mitgebracht, sondern auch die Kenntnis von Stickereien im Klosterstich. Bei dieser Technik werden locker gedrehte Wollfäden so dicht nebeneinander gelegt, daß der Leinengrund darunter vollständig verdeckt wird. Die Fäden folgen dem Verlauf der Form, die sie bezeichnen und werden durch kleine Überfangstiche befestigt. Diese einfache Technik, die es gestattet, der Vorzeichnung auf dem Leinengrund genau zu folgen, konnte von jeder Nonne erlernt werden. Schwierigere Teile, wie die Binnenzeichnung von Gesichtern oder Kleidern in Spalt- oder Stilstich blieben geschickteren Händen vorbehalten.

Wie in Ebstorf seit dem 14. Jahrhundert Rück- oder Banklaken mit gestickten heraldischen Tieren oder mit königlichen Figuren das Chorgestühl an Festtagen schmückten, so sollte es auch in Lüne geschehen. Das erste BANKLAKEN (S. 46 oben) (1492) war dem Klosterheiligen, S. Bartholomäus, gewidmet. Doch die Gestaltung ist hier vielteiliger und lebendiger als die der dortigen Banklaken und erinnert eher an das Gewand, mit dem die Holzfigur des Ebstorfer Klosterpatrons S. Mauritius bekleidet war. Da waren fünf Szenen aus dem Marienleben, durch Schriftbänder getrennt, untereinander angeordnet worden, die Szenen dicht gedrängt mit Figuren. Auch die Lüner Stücke sind vielfigurig, umgeben von Landschaft oder Innenräumen, reich charakterisiert in schriftbandumspannten, runden Medaillonrahmen. Diese reihen sich kettengliedartig aneinander und werden von einem - wieder mit Inschriften versehenen - Rechteckrahmen zusammengeschlossen. In den verbliebenen Zwickeln findet sich Raum für Heilige mit ihren Symbolen. Das 76 cm hohe und 492 cm (!) lange Band wird von einer als Garten zu deutenden Bordüre gerahmt, in der sich der Löwe, der am dritten Tag nach der Totgeburt sein Kind zum Leben erweckt und der Pelikan, der seine Jungen mit dem eigenen Blut nährt, als auf Christus bezogene Allegorien, befinden. Gezielte Farbgebung und das formstarke Gerüst der geometrischen Gliederung

Allegorien der fünf menschlichen Sinne Hören, Schmecken, Fühlen, Sehen und Riechen, Rest eines Gemäldes aus der ersten Hälfte des 17. Jahrhunderts, an der Nordwand des Refektoriums (s. Text S. 26f.)

bändigen den Reichtum an lebendiger Aussage. Gleiches gilt für die folgenden Banklaken mit der hl. KATHARINA (S. 46 Mitte), dem hl. GEORG (S. 46 unten) und auch für das letztgeschaffene und für den PROPSTSTUHL bestimmte (S. 20 unten).

Die vier großen Teppiche - parallel zu den Banklaken von 1500 - 1508 entstanden - verlassen das eingeschlagene Schema immer mehr. Zwar zeigt der erste, der Sibyllen- und Prophetenteppich, noch die bekannte Reihung der runden Medaillonfelder, aber außer in der mittleren Weihnachtsszene sind sonst nur Einzelfiguren mit formkräftigem Schriftband zu sehen und auch im verbleibenden Untergrund und in der Randborte sind formstarke Einzelmotive einer vereinheitlichenden, strenger geometrisch gebundenen Bildsprache gewichen.

Was hier eher ängstlich und brav ausfällt, wird im WURZEL JESSE-TEPPICH (S. 48) geradezu keck neu interpretiert: Da liegt die große Figur des Stammvaters Isai auf einer noch größeren Liegestatt und das ganze untere Drittel des Teppichs nimmt mit wenig strukturierter Großflächigkeit an seiner Ruhe teil. Aus seiner Mitte wächst der Baum auf, dessen Ranken sich so zusammenschließen, daß sie an die Reihung der Medaillonfelder nur noch erinnern. In jeder Rankenwindung befindet sich ein königlicher Nachkomme bis hin zur höchsten Ausformung, wo die Gottesmutter mit dem Jesusknaben als apokalyptisches Weib dargestellt wird und die Taube als heiliger Geist zu ihr heranschwebt. Reich sprossendes Weinlaub und Traubenhängel veranschaulichen die Fülle dieses fruchttragenden Weinstocks.

Der "Schenkeschieve" genannte Schrank von 1613 im sogenannten "Sommer-Remter", ein Geschenk der Domina Dorothea von Medingen an das Kloster (siehe Text S. 27f.)

Bei dem AUFERSTEHUNGS- oder ERSCHEINUNGS-TEPPICH (S. 47) ist das Kreismotiv zugunsten einer rechtwinkligen Aufteilung verlassen, die Szenen werden durch dünngliedrige, gotische Arkaden unterteilt. Erst im Osterteppich gibt es überhaupt keine Reihung mehr, und nur noch der Kreis der Mitte erinnert an das Motiv der anderen Arbeiten. Hier wird völlig frei über alle sonst zaghaft oder auch unbekümmert verwendeten Bildmittel verfügt. Hier wird erfüllt, was in den anderen Teppichen - außer dem der Wurzel Jesse - wie ein leises Versprechen anklingt: Das völlige Übereinstimmen von Bildgestalt und Bildidee. Denn auch in den vorigen klingt ja im Thematischen eine Zentrierung an. So umkreisen im Prophetenteppich das zentrale Medaillon der Christgeburt die vier christologischen Allegorien der Pelikan, Löwe, Phönix und Einhorn. Die benachbarten Medaillons werden mit Personen gefüllt, deren Aussagen in deutlichster Weise auf das Mittelfeld Bezug nehmen. Und in dem Auferstehungsteppich dienen in der zweiten und dritten Reihe die beiden mittleren Felder demselben Thema, so daß das Emmauswunder und die Erscheinung am See Tiberias herausragendes, zentrales Gewicht erhalten. Erst der Osterteppich bringt den zentralen Gedanken mit der formal zentrierten Bilderfindung zur Synthese. Leider mußte dieses überwältigende, geheimnisvolle Werk 1949 äußerer Not wegen nach Hamburg (Museum für Kunst und Gewerbe) verkauft werden.

Die Teppiche wie auch die Banklaken sind ein äußerer Ausdruck der verinnerlichten Reform des 15. Jh. Sie nehmen mit dem reichen, erklärenden Schriftanteil immer wieder Bezug auf Heiligenlegende, Bibel und Liturgie. Deshalb sind sie mit einer nur formalen oder nur gegenstandsgebundenen Betrachtung nicht ergründet. Erst die Erkenntnis von der Synthese textlicher und gestalteter Aussage weist sie in den Rang von Kunstwerken, die nur aus dem Geist der neuentfachten Reformfrömmigkeit zu erklären sind.

Die Teppiche erschließen besser als jede schriftliche Quelle den Geist des Lüner Klosterlebens am Anfang des 16. Jahrhunderts. Da lag es auf der Hand, daß die lutherische Reformation nicht freiwillig angenommen wurde. Herzog Ernst (der Bekenner) von Braunschweig-Lüneburg erzwang als Landesherr am 26. April 1528 die erste evangelische Predigt mit deutschem Gesang in der Lüner Klosterkirche. 1529 wurde Propst Lorbeer abgesetzt und ein herzoglicher Amtmann übernahm die Verwaltung der eingezogenen Klostergüter. Dem Landesherrn, der durch die unkluge Politik seines Vaters eine hohe Schuldenlast geerbt hatte, kam es sehr gelegen, daß das Klostervermögen in Konvents- und Propsteigut unterteilt war. So konnte er einen Teil der Güter zur Verbesserung seiner finanziellen Lage vereinnahmen und das Kloster bestehen lassen. Er setzte einen reformierten Dominikaner zur Wahrnehmung der neuen geistlichen Aufgaben ein. In den nun dreimal wöchentlich stattfindenden Gottesdiensten kamen zwar viele Lüneburger um der neuen Lehre willen, aber die Nonnen verhielten sich abweisend. Sie zündeten Filzlappen an und warfen sie vom Nonnenchor hinunter in den Kirchenraum, um den Pfarrer und seine Zuhörer zu vertreiben. Das führte in der Folgezeit nur dazu, daß die Vergitterung des Nonnenchors zur besseren Überwachung der Klosterfrauen entfernt wurde und die Teilnahme an den evangelischen Gottesdiensten weiterhin verpflichtend blieb. Mechthild Wilde, die Nachfolgerin Sophie von Bodendikes, stand ihrer Vorgängerin an Gewissenhaftigkeit und Eifer in nichts nach und kämpfte in vorbildlicher Weise für die alte Glaubenslehre, bestärkte die Klostervorsteherinnen der anderen lüneburgischen Frauenklöster, feierte heimlich - trotz Verbots - die heilige Messe und mußte doch erleben, daß der betreuende Beichtvater 1531 dem Kloster entzogen wurde.

Der "Kräutergarten" westlich der Klausur, nach Nordwesten. Quer durch den Garten fließt, wie im Mittelalter, ein Wasserlauf. Rechts im Bild der Sommer-Remter mit angebautem Küchentrakt, links das Arbeitshaus (siehe Text S. 20, 28, 30)

Dennoch dauerte das Ringen mehr als dreißig Jahre. Erst als die junge Nonne Dorothea von Meding in einem Traum das KREUZ DES HERRN (S. 36 unten) über dem Kloster schweben sah und der Konvent darin ein göttliches Zeichen zugunsten des Luthertums wähnte, war ein offizieller Sieg der Reformation in Kloster Lüne errungen.

Das bedeutete nicht die Auflösung des Klosters. Schon 1555 hatte eine Lüneburger Klosterordnung den Fortbestand von Klöstern bestätigt und für deren Regelleben folgende Forderungen gestellt: Verbindliche Teilnahme der Klosterfrauen an der reinen Lehre des Evangeliums im Gottesdienst; Austeilung des Sakraments in beiderlei Gestalt; in den Horen allein Anrufung Gottes und nicht etwaiger Heiliger; Unterrichtung von Kindern; Austrittsmöglichkeit aus dem Kloster. Durch eine zweite Klosterordnung 1574 erfährt man, daß immer noch einige "papistische Jungfrauen" im Kloster leben, aber generell wird der Status der Konvente geduldet. Da die Forderung

Wandmalerei mit der Anna-Selbdritt-Darstellung an der Ostwand des Refektoriums, Seccomalerei des Hinrik Levenstede d. J. mit Werkstatt um 1490. Unten: freigelegte Palmwedelmalerei um 1400 (s. S. 31, s. a. S. 14f.)

gestellt wird, daß die zukünftigen Konventspersonen Latein für das Chorgebet lernen sollen und die Abgeschlossenheit des Klosters zu erhalten sei, mag man sogar an die Wiederherstellung überholter Ideale gedacht haben. Immerhin wurde die erste Mette von kurz nach Mitternacht auf 4 oder 5 Uhr morgens verlegt, die Psalmen und Lektionen wurden reduziert und teilweise in deutscher Sprache rezitiert, doch die Struktur der Horen und der gemeinsame Tisch blieben bis 1693 erhalten.

Allmählich, mit kaum merklichen Veränderungen, wurde das "alte Katholische" zum "neuen Evangelischen" hin verwandelt. Aber das Kloster in seiner Selbständigkeit blieb unangetastet. 1711

Das Refektorium, in Lüne "Remter" genannt, nach Süden. Links und hinten rechts die im frühen 18. Jh. eingebauten, numerierten, mit Grisaille-Malerei versehenen Vorratsschränke der Konventualinnen (s. S. 31)

beschränkte der Landesherr Georg Ludwig von Braunschweig-Lüneburg die Zahl der Klosterplätze auf zwölf und den Landesadel und nun trat die Funktion der Versorgungsanstalt für unverheiratete Adelige in den Vordergrund. Nicht mehr Weltabgeschiedenheit und Regelleben bestimmten den Alltag, als vielmehr eine gewisse Exklusivität und Kultivierung der individuellen Lebensgestaltung.

Daß Lüne und viele andere Frauenklöster Niedersachsens erhalten blieben, muß u. a. der Tatsache verdankt werden, daß die welfischen Landesherren die Besitztümer der Klöster nicht als herrenloses Gut vereinnahmten und auch den Reichsdeputationshauptschluß vom 25.2.1803 nicht dahingehend ausnutzten. Vielmehr entstand - aus dieser Gesinnung - die Klosterkammer, die seitdem die Aufgabe hat, das im wesentlichen aus Grundbesitz bestehende Stiftungsvermögen der evangelisch fortbestehenden oder aufgehobenen Klöster zu verwalten. Ihr Präsident führt heute die Staatsaufsicht des Landes Niedersachsen über das Kloster. Laut Klosterordnung von 1972 ist Kloster Lüne eine selbständige Körperschaft des öffentlichen Rechts, die mildtätigen, kirchlichen und gemeinnützigen Zwecken dienen soll. Diese Bestimmung wird u. a. darin sichtbar, daß die Konventualinnen der Öffentlichkeit ihr Kloster und die darin erhaltenen Kunstschätze durch Führungen zugänglich machen.

Dann kann jeder für sich entdecken, was in diesem Buch unberücksichtigt geblieben ist und doch des Anschauens wert, wie z. B. der kostbare Fürleger, die Wirkarbeiten oder die zwei Streifen eines Meßgewandes aus dem frühen 16. Jh. mit Aposteldarstellungen, das Epitaph des Amtmann Roefsack oder das hölzerne Reliefmedaillon des Klosterpatrons. Manches, was hier nur als Bild erschien, müßte kommentiert werden. So manche stille Ecke der Architektur blieb unbeachtet, die Klostergärten mit den seltenen Pflanzen unerwähnt. Die meisten der beschriebenen Kunstwerke bedürften genauerer Betrachtung, denn wenn Lüne auch nie ein Ort der ersten Stunde war, auch wenn von hier keine Impulse ausgingen, die den Gang der Kunst stilbildend geprägt hätten, so ist hier doch eindrucksvoll erhalten, was einmal kraft nachahmender Empfindung geschaffen wurde und gerade uns Heutige anrührt und erstaunen läßt.

Zwei Weißstickereien mit dem Motiv der Wiederkunft Christi am Jüngsten Tag, oben: Der Weltenrichter in der Glorie, umgeben von den Symbolen der vier Evangelisten, Detail von dem ältesten Hungertuch des Klosters Lüne, aus der Mitte des 13. Jh., 120 cm hoch, 374 cm breit. - Unten: Deësis-Darstellung: Weltenrichter zwischen den Symbolen der vier Evangelisten und zusätzlich Maria und Johannes dem Täufer, Detail einer Altardecke, gegen 1300, 115 cm hoch, 356 cm breit (siehe Text S. 36)

Oben: Altardecke mit Gnadenstuhl-Motiv, Detail, 2. Viertel des 14. Jahrhunderts, 112 cm hoch, 327 cm breit. - Unten: Kreuzigung mit Maria und dem Jünger Johannes, Detail aus einer Altardecke, Anfang 14. Jh., 118 cm hoch, 341 cm breit *(siehe Text S. 37)*

Oben: Auferstehungs- oder Erscheinungs-Teppich, begonnen 1503, vollendet 1507, 365 cm hoch, 307 cm breit, Detail: die vier mittleren Szenen mit je einer doppelt dargestellten Episode: Emmaus-Wunder und Fischzug der Jünger am See Tiberias (siehe Text S. 41)

LINKE SEITE: Oben: Banklaken des hl. Bartholomäus, datiert 1492, 76 cm hoch, 492 cm breit, Detail, v.l.n.r.: Der Heilige wird geschunden - Der Heilige wird ans Kreuz gebunden - Der Heilige wird enthauptet - "Oh, heiliger Schutzpatron, hilf uns". - Mitte: Banklaken der hl. Katharina, datiert 1500, zwei Teile, je 68 cm hoch, 550 cm breit, Detail, v.l.n.r.: Die Kaiserin wird enthauptet - Der Ritter Porphyrius wird enthauptet - Die hl. Katharina wird zum Tode verurteilt. - Unten: Banklaken des hl. Georg, datiert 1500, vier Teile, Teil 1: 68 cm hoch, 345 cm breit, Teil 2 und 3 je 65 cm hoch, 565 cm breit, Teil 4: 70 cm hoch, 475 cm breit; Detail aus Teil 3, v.l.n.r.: Der Heilige bekehrt die Königin - Der Heilige schickt den geheilten Knaben in den Tempel (s. S. 38)

Wurzel Jesse-Teppich, datiert 1503, vollendet 1505, 380 cm hoch, 282 cm breit, Detail (vgl. S. 39)

LITERATUR-HINWEISE: Horst APPUHN: Bildstickereien des Mittelalters in Kloster Lüne (Die bibliophilen Taschenbücher Nr. 377), Dortmund 1983. - DERS.: Einführung in die Ikonographie der mittelalterlichen Kunst in Deutschland, Darmstadt [4]1991. - Rainer BLASCHKE: Die Meister der Flügelmalerei der Lüneburger Goldenen Tafel, in: Niederdeutsche Beiträge zur Kunstgeschichte 17, 1978. - Johannes BÜHLER: Klosterleben im Mittelalter (Insel Taschenbuch Nr. 1135), Frankfurt/M. 1989. - Paul-Uwe DIETZSCH und Birgit NEUMANN-DIETZSCH: Die spätgotische Wandmalerei im Refektorium zu Kloster Lüne, in: Berichte zur Denkmalpflege in Niedersachsen, Bd. 4/87, Hameln 1987. - Gerhard EIMER: Der "Christophorus-Meister". Ein lüneburger Steinbildhauer des ausgehenden Mittelalters, in: Zeitschrift des deutschen Vereins für Kunstwissenschaft 17, Heft 3/4, 1963. - Wolfgang ERDMANN danke ich für viele Hinweise. - Hans-Georg GMELIN: Spätgotische Tafelmalerei in Niedersachsen und Bremen, München/Berlin 1974. - Klaus JAITNER und Ingo SCHWAB (Hrsg.): Das Benediktinerkloster Ebstorf im Mittelalter, Hildesheim 1988. - Tassilo KNAUF: Kloster Lüne, Hannover 1974. - Renate KROOS: Niedersächsische Bildstickereien des Mittelalters, Berlin 1970. - Franz KRÜGER: Ziegelstempel in Lüneburg, in: Festblätter des Museumsvereins für das Fürstentum Lüneburg Nr. 5, Weihnachten 1933. - Ursula MENDE: Die Türzieher des Mittelalters (Denkmäler deutscher Kunst: Bronzegeräte des Mittelalters, Bd. 2), Berlin 1981. - Eckhard MICHAEL: Bildstickereien aus Kloster Lüne als Ausdruck der Reform des 15. Jahrhunderts, in: Die Diözese Hildesheim in Vergangenheit und Gegenwart 53, 1985. - Ernst NOLTE: Quellen und Studien zur Geschichte des Nonnenklosters Lüne bei Lüneburg, Göttingen 1932. - Wilhelm REINECKE: Kloster Lüne und seine Kunstschätze, Elmshorn (Kunstverlag Theodor Voigt) 1948. - Uta REINHARD: Lüne, in: Germania Benedictina Bd. XI (hrsg. v. Ulrich FAUST), München 1984. - Brigitte UHDE-STAHL: Drei Miniaturen aus den ehemaligen Klöstern Lüne und Ebstorf, in: Niederdeutsche Beiträge zur Kunstgeschichte 15, 1976. - DIES.: Figürliche Buchmalereien in den spätmittelalterlichen Handschriften der Lüneburger Frauenklöster, in: Niederdeutsche Beiträge zur Kunstgeschichte 17, 1978. - Margarethe WAGNER: Sakrale Weißstickereien des Mittelalters, Eßlingen 1963. - Carl WÜNSCH: Kloster Lüne (Große Baudenkmäler Heft 197), München/Berlin 1990.

UMSCHLAG-VORDERSEITE: Der "Handstein" genannte Laufbrunnen in einer westlichen Nische der Eingangshalle (s. S. 20). - TITELBLATT: Das Lüner Konventssiegel mit dem hl. Bartholomäus, Durchmesser 5,7 cm. - UMSCHLAG-RÜCKSEITE: Kreuzhof und Kirche von Südosten.

FOTONACHWEIS: Die Aufnahmen von Jutta Brüdern, Braunschweig, wurden ergänzt durch Helmut Lindloff für Seite 28 links.

Postfach, D-6240 Königstein im Taunus.
Printed in Germany. ISBN 3-7845-0828-6